ヨーロッパ古代「ケルト」の残照

武部好伸

彩流社

目次

はじめに

かれこれ三〇数年前、はじめてスコッチ・シングルモルト・ウイスキー（グレンフィディック）を口にした瞬間、豊潤な香りと深奥な風味の虜になり、このウイスキーの生まれ故郷であるスコットランドの蒸留所を巡りました。そして当地が「ケルト」と深い関わりがあるのを知り、その世界へとどんどん埋没していったのです。まさか一杯のウイスキーでライフワークと出会うとは思わなかったです。

ミステリアスなベールで覆われていると言おうか、どこかつかみどころがなく、迫れば迫るほど、実体がぼやけてくる。「ケルト」はこれまでに知り得た文化・歴史的なものとはまったく異なるベクトルをもっています。どうやらそんな一筋縄ではいかないところに惹かれていったようです。

筆者はあくまでも一介の、それも在野の「ケルト」愛好家であり、ゆめゆめ学術的に追究している身ではありません。元新聞記者とあって、自分の目で見て、自分の耳で聞き、自分の鼻で匂いをかぎ、自分の肌で体感しないと、納得できません。そんな性分なので、とことん〈現場主義〉を貫きます。いわばジャーナリスティックなアプローチで対象に迫っていくのを信条にしています。

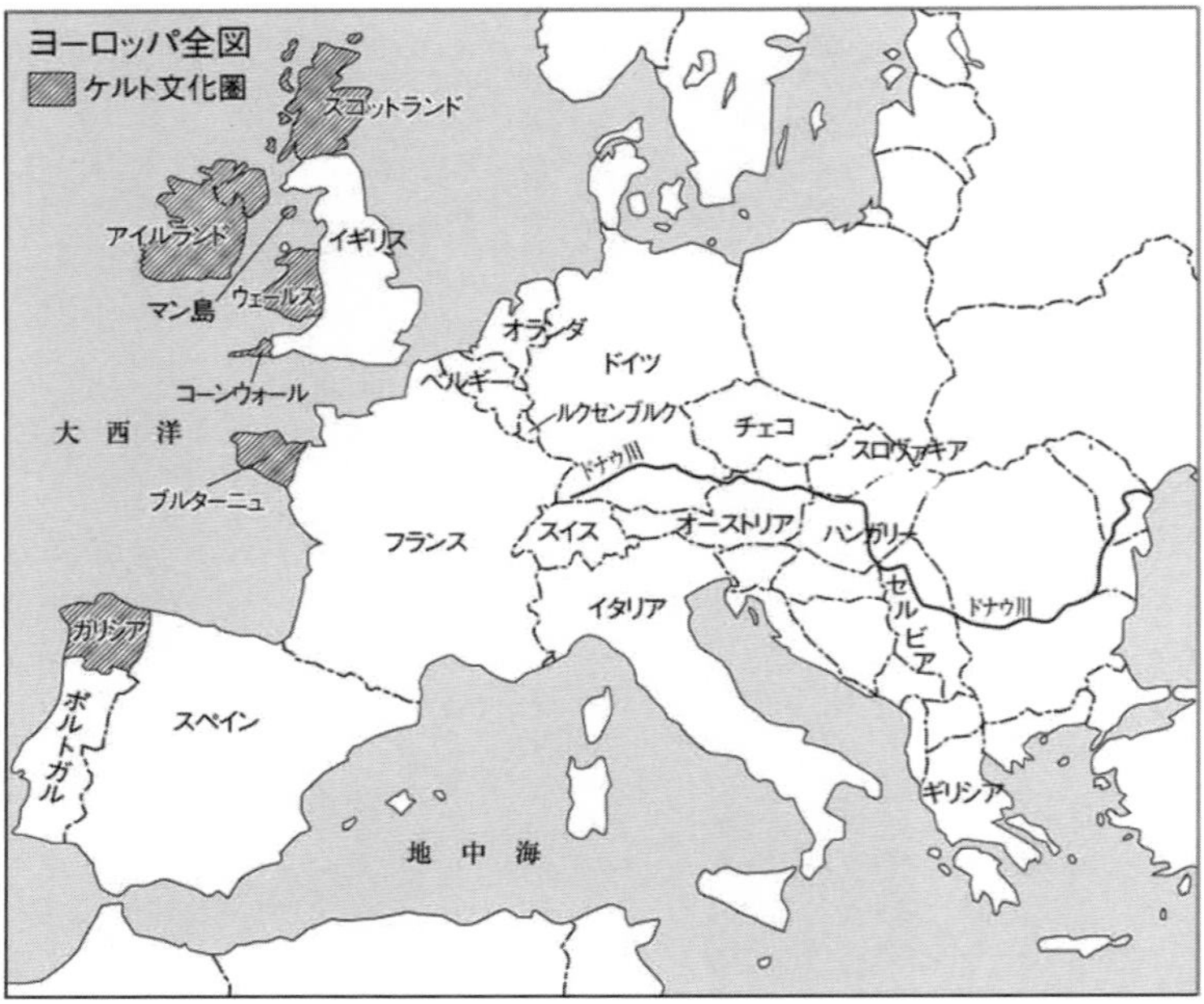

そんなスタンスに立ち、一九九五年以降、毎年、「ケルト」に関連する地を訪ね歩いてきました。つまり、いまなおケルト語を話している地、「ケルト」を標榜している地、「ケルト」の文化を育んだ地、古代ケルト人の足跡が残っている地などです。これまでにヨーロッパの二〇数か国を訪れており、踏破した場所は数えきれないほどあります。このように地に足をつけた、〈現場主義〉に基づく取材によって、「ケルト」の過去と現在を探ってきました。その成果を「ケルト」紀行シリーズ全一〇巻（彩流社）として上梓しました。

　じつはしかし、まだ訪れていないところが随分と残っていたのです。それに昨今、「ケルト」の起源をめぐる新説も発表されたこともあり、この機会に、「ケルト」をもういちど見直してみようと二〇一〇年から未踏の地をめざして取材旅行を再開しました。

新説を生み出したポルトガル南部(アレンテージョ地方とアルガルヴェ地方)とスペイン南部(アンダルシア地方)、ベネルクス三国(ベルギー、オランダ、ルクセンブルク)、フランスとドイツの南西部、コルシカ島(仏)、スペインの中東部……。思っていた以上に収穫があり、ヨーロッパ大陸では、「ケルト」が根強く残っていることを改めて実感したしだいです。

「ケルト」の根っこのところをしっかり見据えたい。そうは思うものの、切り口は山ほどあります。あれこれと考えた末、古代ケルト人の生活基盤となった定住地のオッピドゥムやヒルフォートに焦点を絞ることにしました。それらがいかにして築かれたのか、そこでどんな営みがあったのか、そしていかに滅んでいったのか……。こうした点をしっかりと押さえ、古《いにしえ》の「ケルト」の残照を少しでも浮き彫りにできればと願い、本書を執筆しはじめました。

歴史的、考古学的な話が多いです。なので、妖精、神話、図像、文様、音楽など一般に「ケルト」からイメージするものとはかけ離れた内容になっています。その点はどうかお含みおきください。さぁ、古代の「ケルト」ワールドへタイムスリップ――。

序　「ケルト」のあれこれ

「ケルト」をめぐる動き

「ケルト」(Celt)、「ケルティック」(Celtic)。この言葉がじつにやっかいなのである。ケルト人、ケルト民族、ケルト語族、ケルト文化、ケルト美術、ケルティック・デザイン、ケルト文様、ケルト神話、ケルトの神々、ケルト教会、ケルト(ケルティック)・ミュージック……といろんなところで使われている。

とりわけ音楽の分野では、アイルランドやスコットランドなどのトラディショナル(民族)音楽を総称してケルティック・ミュージックやケルティック・シーンと呼ばれることが多い。なんとなく安易に使われている気がしないでもないが、その表現がいまやすっかり定着しているのだから、異論をはさむ気はさらさらない。

文章的にも、ケルト的、ケルト様という表現がよく見受けられるし、洋書に目を向けると、

『Celtic Britain』や『The Celtic Empire』といったタイトルもある。さらに「アイルランドとスコットランドに旅してくる」と言うと、「ケルトですか」と返答されたり、「ウイスキーはケルトのお酒ですね」と言われたり……。いやはや、「ケルト」の言葉が巷間であふれ返っている。

「ケルト語を話しているか、あるいはかつて話していた」。本来、これがケルト人の定義とされている。つまり、英語、フランス語、ドイツ語、ラテン語などとおなじインド＝ヨーロッパ語族に属するケルト語の話し手のことで、あくまでも言語文化的なグループである。それも単一部族ではなく、多くの部族の寄せ集め。換言すれば、ケルト語を共通にしたゆるやかな部族の集合体で、地域差や部族間のちがいはあれど、全体として概ねよく似た世界観を有している。そのケルト人が培ってきた文化、風習、伝統、信仰などをひっくるめたものを一般に「ケルト」と総称されているのだろう。

ケルト人の名称が歴史の表舞台に登場したのは、紀元前五〇〇年ごろの古代ギリシアの歴史家ヘカタイオスが西方の異民族を「ケルトイ(Keltoi)」(古ギリシア語)と紹介してからといわれている。意味は不明だが、そこから「ケルト」の名が生まれたようだ。

その後、ローマ人が「ケルタエ(Celtae)」と呼び、ガリア(Gallia、今日のフランスとベルギーの一部)に定住していた、ケルト語の一派ガリア語を話していたガリア人もケルト人として扱われるようになってきた。なにせ外部の者がつけたネーミングなので、当人たちは自らをケルト人と名乗ったことがなく、その自覚もなかったはずである。

そんな彼らは、西はイベリア半島から東は小アジア（トルコ）にいたるヨーロッパの広範な地域に住んでいた。イギリス諸島にも暮らしていた。こちらは「島のケルト」と呼ばれている。大陸ではしかし、ローマの台頭によって押しやられて衰退し、しだいにローマ化していった。ガリア語に関していえば、六世紀の時点で話されなくなった。

しかるにローマの支配がおよばなかった、あるいはおよんだとしても影響の少なかった西ヨーロッパの辺境地では、ケルト語が存続し、それが今日、「島のケルト」として知られている。具体的に言えば、アイルランド、イギリスのスコットランド、ウェールズ、マン島、コーンウォール、フランスのブルターニュ。これらの国と地域に加え、すでにケルト語が話されなくなったが、「ケルト」に拠りどころを求めるスペイン北西部のガリシアを合わせて〈ケルト文化圏〉と呼ばれている。

古代、「大陸のケルト」と「島のケルト」で話されていた言葉は、埋葬方式や家屋の形態と同様に異なっていたが、一八世紀にすべておなじケルト語を話すグループでくくられた。そのことが引き金《トリガー》となったのか、二〇〇〇年前に消失した古代の「ケルト」と現在の「ケルト」が混同されて語られるようになってきたようである。

さらに一九世紀、産業革命と科学技術の発展による近代合理主義の対極としてロマン主義が謳歌され、そこに台頭してきた民族主義の影響を多分に受け、恣意的、作為的に「ケルト」がもち上げられた。なにせ、「ケルト」は得体の知れない神秘的なものというふうに受け止められていたからで、そこにロマンを求める風潮が強まり、こぞって「ケルト」に目が向けられた。

なかでもイギリスの植民支配下にあったアイルランドでは顕著だった。反英独立闘争ともからみ、一九世紀後半、文学や演劇の分野でイギリス(アングロサクソン)色をそぎ落とすべく、詩人で劇作家のウィリアム・バトラー・イェイツ(一八六五年〜一九三九年)やジョン・ミリントン・シング(一八七一年〜一九〇九年)らがアイルランド文芸復興運動(The Irish Renaissance)を起こした。イェイツが各地に伝わる妖精や超自然的な出来事についての民話や伝承を収集し、『ケルトの薄明(原題:The Celtic Twilight——Myth,Fantasy and Folklore)(一八九三年)というタイトルをつけて発表したことで、アイルランドと「ケルト」が急速に結びつくようになったようである。

アイルランドにおける中世の説話集がいつしか「ケルト神話」という名に変わり、アーサー王伝説も「ケルト」とからませてとらえられるようになった。こうして「ケルト」は、歴史学や考古学で浮き彫りにされたものとはかけ離れた、神秘的で幻想的なイメージをますます拡散するようになったのである。

その流れに乗じて、前述した〈ケルト文化圏〉の国と地域が「ケルト」を自らのアイデンティティーの一つとし、前面的に押し出すようになってきた。

昨今、アイルランドでは、「ケルティック・ウイスキー・ショップ」や「ケルティック・キャブ

〈タクシー〉」、「ドルイド・サイダー」など街のいたるところで「ケルト」が顔をのぞかせている。スコットランドでも、「ケルティック・サルーン」という名のパブがあり、コーンウォールでは「ケルティック・コーンウォール」のステッカーが売られている。毎年夏、〈ケルト文化圏〉を中心としたミュージシャンや詩人がブルターニュの港町ロリアンに集う「インターケルティック・フェスティバル」はその最たるものといえよう。

もはや、「ケルト」は観光PRの目玉になっていると言っても過言ではない。実際、アイルランドやスコットランドを「ケルトの国」と認識している人が多々いるし、かの地も自ら「ケルトの国」を標榜しているようにすら思える。

「ケルト」の実体がどういうものかはっきりわかっていなくても、「ケルト」という言葉を聞くと、アイルランドのミュージシャン、エンヤの透明感あふれるサウンド、渦巻き文様や組みひも文様が織りなす独特な図像を想起する人がいるだろう。二〇年ほど前、「ケルト」のことを喋ると、洋菓子の「タルト」と勘ちがいしている人が随分、多くいたし、いまだに刺繍の「キルト」と一緒のものだと思い込んで人も少なくない。けれども、「ケルト」という言葉が着実に浸透してきているのはまちがいない。

しかしである。人それぞれ、あるいは立場によって、「ケルト」の考え方やとらえ方が異なる。文学、美術、音楽、考古学、歴史学、図像学、言語学、遺伝学……といった具合に、「ケルト」に関わる分野がほんとうに多岐にわたっているからである。さらに、「ケルト」をアカデミックな手法で追究する研究者がいる一方で、相変わらず曖昧なままイメージ先行で「ケルト」を受け止めている人が圧倒的に大勢いる。両者のあいだには顕著な温度差があり、乖離《かいり》が見られる。みな、それぞれ自分の解釈で「ケルト」の言葉を使っている現状をまずは把握しておくほうがいいかもしれない。

学術の世界では、中央ヨーロッパで勃興した「ケルト」がイギリス諸島に伝播したという従来の説は否定されている。なぜなら、大陸のケルト人が大挙してイギリス本島やアイルランド島に渡った証拠が乏しいからである。アイルランド人の遺伝子は、古代ケルト人が暮らしていたとされた中央ヨーロッパよりもイベリア半島の人に類似しているという報告もあり、遺伝学的にも考古学的にもそれは証明されているという。「島のケルト」は「大陸のケルト」を継続したものではなく、独自に、あるいはまったく異なるプロセスで発展を遂げたのではないかと考えられている。

さらに、「ケルト」の概念そのものに疑問の目を向ける動きも出てきた。古代ケルト人がその一部を担ったとされるハルシュタット後期(前期鉄器時代、紀元前八〇〇年〜同四五〇年)、「ケルト」の隆盛をきわめたラ・テーヌ期(後期鉄器時代、紀元前四五〇年〜同一世紀)がケルト語を話していた人たち(いわゆるケルト人)との関連性が薄いという指摘もある。

あまつさえ、「ケルト」はすべて近代の想像の産物だと言い切る研究者すらいる。これまでの概念の全否定である。昨今、聖徳太子は実在しなかったとか、織田信長が殺された「本能寺の変」の黒幕に豊臣秀吉がいたとか、いやそれよりも信長は抜け穴を通って生き延びたとか、歴史の通説を覆す説が相次いで出てきており、筆者のような歴史好きにとってはひじょうに刺激的な動きになってきている。

「ケルト」の起源についてもあっと驚く新説が発表された。この件についてはこのあと詳しく記す。

ここで筆者の立場をはっきりさせておきたい。これまでひろく認識されてきた「ケルト」をなによりも尊重したいと思っている。なので、基本的には一般人の視点で見据えているつもりである。アイルランドが本来の「ケルト」とは関係がなくても、そこで暮らしている人たちが「ケルト」を社会に取り込んでいるのであれば、それを最大限に理解し、その現象面を見つめていきたい。土産物店でケルティック・デザインをあしらったシールが売られているのなら、面白いなと思って目を留めるし、ケルティック・ミュージックの音楽家が来日すれば、心をときめかせてライブを聴きに行く。

要は「ケルト」というシグナルを出しているあらゆるものに対し、好奇心をもって接してきた。同時に現地で「ケルト」がどう受け止められているのかということも探ってきた。「ケルト」の概念が変わってくれば、それに応じてこちらも見方を変えて向き合っていく。そんな柔軟な姿勢で向き合ってきたつもりである。

例えとして適切ではないかもしれないが、幼いときに東京から大阪に移り住んできた人が、その後、「浪花っ子」として暮らしているのであれば、「それでええやん」と思う。「あんた、そういうけど、東京生まれやろ」なんて言う必要はないし、言うつもりもない。まずは現状を尊重し、それを重視したいのである。

タルテシアンの碑文

本題に入る前に、前述した「ケルト」の起源に関する新しい知見を紹介しよう。

アルファベットの原型みたいな、あるいは見ようによってはロシアや東欧のキリル文字のような奇妙な文字が一字一字、長方形の石板の表面に刻まれている。一つひとつの文字が結構大きく、石の周辺に沿った形で記されている。なかには人物や馬をあしらったものもあり、イラストふうでひじょうに興味深い。

これらは「タルテシアンの碑文(Tartessian inscription)」と呼ばれている。イベリア半島南西部に位置するポルトガル南部のアレンテージョ地方南部とアルガルヴェ地方、スペイン南西部のアンダルシア州西部で一九八八年から発掘調査がおこなわれており、二〇〇一年以降、九五基の「タルテシアンの石碑」(うち八八基がポルトガル)が発見された。

解読されたのは八二基。いずれも古代の埋葬地から出土した。三分の一が鉄器時代初期(紀元前八〇〇年ごろ)のもので、あとは紀元前七世紀以降のものと考えられている。はっきり時代を特定できるのは、紀元前六五〇年~同六二五年という。

この地域に「タルテッソス(Tartessos)」という王国があったといわれている。存続したのは紀元前一二〇〇年ごろ~同五〇〇年ごろ。大西洋岸における青銅器時代後期から鉄器時代中期に相当する。古代ギリシアの歴史家ヘロドトスが紀元前五世紀にタルテッソス王国のことに言及しているという。

その国で使用されていた言葉がタルテシアン文字、つまり「タルテシアンの碑文」の文字である。埋葬された人の名前とその功績を記した簡単な文言が刻まれている。それらの文字は古代イベリア文字の一種といわれていたのだが、じつはそうではなく、ケルト語との関連を提唱する学者が現れた。アメリカ人の古代ケルト語専門家、ジョン・T・コッホ博士である。これはまったく想定外の説だった。

タルテシアン文字は、古代の海洋国家フェニキア(Phoenicia)と古代ギリシアのアルファベットの影響を受けているが、そのなかにケルト語起源の文字が多く含まれているらしい。例えば、「Tiritos」という文字は、ケルト語起源の「三番目」を意味しているとか……。ほかにも碑文に記された人名と部族名から、言語学的にケルト語の話し手による碑文である可能性が高いらしい。こうした文字は、大陸で話されていたガリア語との共通点が見られるそうだ。

もちろん反論する学者も少なくない。碑文に刻まれた人名の母音がケルト語の表音と相容れない、全体として不可解な点が多く、「ケルト」との関連において決め手が弱い……など。とはいえ、これまでまったく関係がないとされてきたイベリア半島の南西部で、いきなり「ケルト」に光が当てられたというのは注目に値するトピックスだと思う。

ケルト大西洋起源説

「タルテシアンの石碑」の発見を機に、「ケルト」が中央ヨーロッパで勃興したとする定説を覆す新説が打ち出された。それが「ケルト大西洋起源説」である。数ある新説のなかでもとびきり刺激的な内容といえる。

ケルト考古学者のバリー・カンリフ博士と前述のコッホ博士が共同編集した論文集『CELTIC FROM THE WEST』(二〇一〇年、Oxbow Books)に全容が記載されている。これは二〇〇八年、英ウェールズのアベリストウィスで開催されたケルト学術会議で発表された一一人の論文をまとめたもので、考古学、遺伝学、言語学・文学の三つの領域からアプローチされている。

それによると、ケルト語が青銅器時代(紀元前二〇〇〇年~同八〇〇年)にイベリア半島からイギリス諸島にいたる大西洋沿岸域で共通語として話されていたのではないかというのである。もっとさかのぼれば、新石器時代(紀元前七〇〇〇年~同二〇〇〇年)にイベリア半島でケルト語が勃興したのではないかと。

さらにこんな推論も展開している。ケルト語が、ブリトン語群(ガリア語、ウェールズ語、コーンウォール語、ブルターニュのブルトン語)とゴイデル(ゲール)語群(アイルランド語=ゲール語、スコットランド・ゲール語、マン島語）に分かれたのは、紀元前五〇〇年ごろにイギリス諸島とフランスとの交易が途絶えたことが要因ではないかというのである。

それでは、ケルト人とは何者なのか？　彼らはどこから来たのか？　長年、謎のベールに包まれていた問題に対し、「大西洋沿岸域が源郷」と一気に答えを導き出したような内容である。なにせ従来の説と真逆というのだから、驚かざるを得ない。かなり決め打ち的な論調で、これで結論づけたいという思いがひしひしと伝わってくる。学界での論争たけなわの最中、その第二弾『CELTIC FROM THE WEST 2』（二〇一三年、Oxbow Books）も出された。そこには大西洋岸における初期ケルトにも言及されている。

大陸からイギリス本島とアイルランド島へのケルト人の大規模移住が否定されている現在、この学説に従えば、イベリア半島からの移住が考えられる。その意味では面白い。しかし中央ヨーロッパでの「ケルト」の隆盛をどうとらえればいいのか。実際、ドイツ南部やフランス中東部、スイスには古代ケルトの遺跡がごまんとあるのだ。もしこの説が正しければ、大西洋沿岸域に暮らしていたケルト人が東へ向かい、中央ヨーロッパで文化を開花させたということになるのだろうか……。

ひじょうに魅力的な説だが、遺伝学的にはなにも手がかりを与えていないし、ほかにも多々、問題をはらんでいるようで、現時点では本質的な結論にはいたっていない――という否定的な意見も目につく。たしかにこれで決着したとはいえない。ひょっとすると、もっと確証的な説がこれから登場するかもしれない。

ただ、「ケルト」に関連しているとされる現物が出たということに心が惹きつけられる。「タルテシアンの石碑」とはどんなものなのか、そして碑文は？　この目でしかと見届けたい。またぞろ、記者魂がむくむくと湧き上がってきた。こうなれば、ポルトガルとスペインへ行くしかない。

ポルトガルとスペインへ

ポルトガルの首都リスボンに到着後、町の北西部ベレン地区にある国立考古学博物館へ向かった。そこに「タルテシアンの石碑」が展示されているはずだった。ところが訪れたときは、修復工事中でその展示室が閉鎖されていた。これはショックだった。しかしここで諦めてはいけない。発掘現場である南部のアレンテージョ地方とアルガルヴェ地方に行けば、かならず目にできるにちがいない。

さっそくリスボンのバス・ターミナルから長距離バスに乗り、南東へ約一三五キロ、二時間四〇分でアレンテージョ地方の田舎町ベージャ(Beja)に到着した。標高二七七メートルの丘のうえにある旧市街のランドマークともいえるベージャ城の塔から四囲を見わたすと、コルク樫の木、オリーヴの木、大麦畑がどこまでもつづいていた。じつにのどかだ。

旧市街のほぼ真んなかにあるベージャ地方博物館に「タルテシアンの石碑」が展示されていた。この博物館はもともと一五世紀の女子修道院。二階の展示室に八基あった。最初に目についたのが、中央の四角い枠のなかに人物が描かれた石碑だった。高さが八〇センチほど。丸顔の人物は漫画っぽくてひょうきんな顔をしているが、甲冑で身を固め、両手にヤリのような武器をもっているので、明らかに戦士である。

タルテシアンの石碑。戦士の絵が興味深い
(ポルトガル・ベージャ地方博物館)

人物を取り囲むように刻まれた碑文はなんとも奇妙な文字だった。劣化が激しく、かなり見にくいが、説明板にはこう記されていた。「英雄アルコスという男のために……。翼のある彼のために(この墓)がつくられた……」。ということは、戦士アルコスの墓なのだろう。「ケルルト大西洋起源説」が正しければ、彼はケルト人戦士ということになるが、博物館の学芸員は「うーん、フェニキア人の戦士でしょう」と否定的なコメントを寄せた。

ほかの石碑を見ると、「この墓は彼を受け入れる……」や「オーロイルの妻のために。海に近い住人……。この墓は彼女を受け入れる」などと記されており、すべて墓石であった。いずれも埋蔵地から発掘されたのであろう。

デザインを施した石碑もあった。細長い石板に「芸術家のボーディアナの娘が……。この墓は彼女の遺物を受け取る」とあり、文字と文字とのあいだに太陽や星をあしらった図像が挿入されている。説明によると、亡き娘の父親の職業である芸術家を意味しているのかもしれないという。

ベージャからバスとタクシーを乗り継いで、南へ約六〇キロ離れたアルモドヴァル(Almodôvar)へ向かった。そこは典型的な田舎の村。村の真んなかにある南西部文書博物館に「タルテシアンの石碑」が二〇基も展示されていた。小さな博物館だが、ポルトガルでは存外に知られているようだ。残念ながら、学芸員が不在だったので、英文の説明書を読むと、「ケルト」との関わりにはいっさい言及されていなかった。

アルモドヴァル近郊のサンタ・クララ・ア・ノヴァ(Santa Clara-a-Nova)村にメサス・ド・カステリーニョ(Mesas do Castelinho)という鉄器時代の遺跡がある。石碑の出土場所の一つと知って訪れると、リスボン大学の考古学チームが発掘調査をおこなっていた。責任者の教授は「ケルト大西洋起源説」について「イギリスの学者が主張していますが、はて、どうなんでしょう」と懐疑的だった。

このあとさらに南下し、大西洋に面するアルガルヴェ地方へ足を伸ばした。ファーロ(Faro)、ローレ(Loulé)、シルヴェス(Silves)、ラゴス(Lagos)を巡り、各地の博物館で「タルテシアンの石碑」と対峙した。ごく当たり前のように展示されているのに驚かされた。どの博物館でも「タルテシアンの碑文はフェニキア由来」との説明を受けた。

スペイン・アンダルシア地方の東部、ウエルヴァ(Huelva)の考古学博物館にも「タルテシアンの石碑」の断片があり、そこでもポルトガルとおなじ回答を得た。取材したかぎりにおいて、いまのところ現地では新説は受け入れられていないようだった。

ヒルフォートとオッピドゥム

「ケルト大西洋起源説」で随分、寄り道をしてしまった。そろそろ古代「ケルト」の残照を求める旅をはじめようと思っているのだが、その前にヒルフォートとオッピドゥムとはなにかを説明しておかなければならない。

ヨーロッパの田舎を旅していると、いろんな形をした丘がよく見受けられる。おわんを伏せたような丘、てっぺんが平らになった台形状の丘、少し起伏のある丘……。緑の木々に覆われた丘もあれば、草が生い茂っていたり、芝地になっていたり、土がむき出しになっていたりする丘もある。はたまた住宅地に様変わりしているところもある。ほんとうにいろんな形態の丘が見られる。それらの多くが、じつは古代人と密接に関わっている。

一般にはヒルフォート（Hillfort）と呼ばれている。日本語では「丘砦《きゅうさい》」と訳される。一部、新石器時代（紀元前七〇〇〇年〜同二〇〇〇年）に使われていたものもあるが、大半は青銅器時代（紀元前二〇〇〇年〜同八〇〇年）からのもので、鉄器時代（紀元前八〇〇年〜同一世紀）に数多く建造された。ヨーロッパ全体では数えきれないほど点在している。

鉄器時代に入る前には、ヒルフォートのすべてが定住地ではなく、部族間抗争や外敵に襲われたときに避難する場所も多かった。丘の頂上の周囲に溝が掘られ、その背後を土塁で固め、木の柵で張りめぐらせるという防御機能を備えていた。当然ながら、住人はそうした不便な丘よりも、平地での暮らしを好んでいた。

前期鉄器時代に相当するハルシュタット期（紀元前八〇〇年〜同四五〇年）になると、有力な部族長、いわゆる首長の居住地として使われるようになった。丘砦がより堅牢なものになってきたことから、「城砦」、あるいは「丘上要塞」といわれている。ケルト語を話していたと思われる部族もおり、渦巻き文様や組みひも文様といった、いかにもケルト的なデザインを施した埋葬品が見つかっている。こうしたことから、この時代を総称してしばしば「初期ケルト」と呼ばれる。

社会のエリートが自らの権力と富を誇示するため、一般住人よりも高い位置にある丘を住居に決めたのは納得できる。血縁がなによりも重視されたので、首長の家族と親族が大きな家屋に住み、彼らに忠誠を誓う高貴な者、工芸品を細工する職人やその他使用人らも城砦内に居を設けていた。

そういう意味で、集落といってもいいかもしれない。

そこはまた交易の中心地でもあり、遠く離れた地域の物産がもち込まれたので、貯蔵庫が建てられた。首長や家族の墳墓があるのも特徴だ。遠方から取り寄せた高価な工芸品、装飾品などの埋葬品が出土している。

この時期には、城砦が信仰の聖地としても活用された。その信仰とは、のちにケルト系部族が信奉したドルイド教（Druidism）の原初的な宗教だったのかもしれない。万物に精霊が宿る汎神論的な世界。日本でいえば、八百万《やおよろず》の神々である。そこには先祖崇拝もあったのだろう。

時代が下り、後期鉄器時代に相当するラ・テーヌ期（紀元前四五〇年〜同一世紀）に入ると、「ケルト」が前面的に出てくる。ケルト系住人、いわゆるケルト人が全盛を迎えた、「ケルト」の時代である。

彼らは文字をもたなかったといわれている。厳密には、ローマ人が使っていたラテン語など他民族の言語を拝借したり、アイルランドのオガム文字のように一部、独自に考案したりしていたが、概して文字の使用がなく、そのため実像に迫るすべがなかった。しかし、古代ギリシア人やローマ人らの〝よそ者〟が書き記した文献や美術品によって、近代以降、少しずつ明らかになってきた。

それらによると、ケルト人は総じて好戦的で野蛮な戦士として描かれており、首狩りの習俗もひろくおこなわれていた。死を恐れなかったのは、霊魂不滅と死後の世界を信じるドルイド教の影響が多分にあったと思われる。ガリアではいけにえの儀式もあったという。

農耕民としてドナウ川上流域のヨーロッパ中央部に定住していたケルト人は、部族間抗争の回避、人口増への対処、集落の疲弊などの理由で、各地へ移動をはじめた。紀元前四五〇年から約二〇〇年間、ケルト人の拡散がピークに達し、西はイベリア半島、南はアルプスを越えてイタリア半島、東はドナウ川沿いにバルカン半島を経て小アジア（トルコ）にいたる広大な地域に住み着いた。イタリアへ向かったのはワイン欲しさからだった。その間、ローマ市中の占領（紀元前三八七年）、アポロンの神託で財宝を有していたギリシア・デルフォイ神殿の略奪と破壊（同二七九年）などで蛮行をとどろかせた。

彼らはヨーロッパ大陸をほぼ席巻したのに、小アジアのガラティア（Galatia）国以外は国家というものを築かなかった。いや、築けなかった。それは部族の集合体にしかすぎなかったからである。判明しているだけで、約四〇〇の部族がいた。ケルト人との混血や関連性のある部族を含めると、四七〇部族にものぼる。それぞれの部族が各領土を保持していたのだから、まさに群雄割拠の状態ともいえ、「ケルト国」という国家建設の意識なんぞもてるはずがなかった。

そんな彼らの定住地の一つがオッピドゥム（Oppidum）だった。前時代の、権力を有した首長の城砦よりもはるかに防御機能を充実させ、規模も大きくなった。いわば、要塞に囲まれた町であり、「城市」とも呼ばれ、まさしく古代ケルト人の「都市」である。

紀元前二世紀から紀元一世紀(イギリス諸島では六世紀ごろ)にかけて、西はイギリス諸島とイベリア半島、東はハンガリー平原にわたる地域で出現した。ヒルフォートや城砦を利用したものもあるが、多くは住みやすい平地の高台に築かれた。二つの川の合流点や見晴らしのいい場所など戦略的な面から防御を最重点に置いている。総計でざっと二〇〇カ所ある。

オッピドゥムと名づけたのが、ケルト人と敵対していたローマ人だった。ユリウス・カエサル(ジュリアス・シーザー、紀元前一〇〇年〜同四四年)がガリア遠征(紀元前五八年〜同五一年)をまとめた『ガリア戦記』のなかで二八の大きな居住地に名前をつけた。それらがオッピドゥムである。ただし、要塞化されていないものも含まれている。

オッピドゥムの言葉はラテン語だが、もともと古代ギリシア語で、「平野のうえ」、「閉ざされた土地」という意味。だから平地にある高台というニュアンスがある。当初は「アルプスの北の大きな居住地」と呼ばれ、アルプス以北に限局されていたが、のちにアルプス以南でも建造された。

オッピドゥム最大の特徴である防御壁(外壁)には三つのタイプがある。

一つ目は、土を固めたシンプルな「土塁型」で、ガリア西部とイギリス本島南部でよく見られる。

二つ目は、カエサルが名づけた「ガリア壁(ムルス・ガリクス、Murus Gallicus)」。土を混ぜた石(割栗石)積みと釘を使った大きな木の梁を組み合わせたひじょうに強固な外壁である。名前のごとく、ガリア中部と中央ヨーロッパに点在している。

最後のタイプは、土塁に杭を打ち込み、表面を石で覆った「ケルハイム型」。その典型例が南ドイツ・ケルハイム（Kelheim）のオッピドゥム遺跡で発見されたので、そう名づけられた。このタイプは中央ヨーロッパの東部に多い。どの防御壁にも堅牢な門があり、外敵の侵入を防ぐため、あえて狭くしている。

オッピドゥムは集落ではなく、規模の大きな町なので、敷地がひろい。平均すると、三〇ヘクタールと甲子園球場の八倍ほどの大きさがある。そこに最大で一万人ほどが暮らしていた。いろんな部族が混在していたのではなく、あくまでも単一部族の定住地で、領土の「都」のような位置づけだった。日本語では「主邑《しゅゆう》」と表現される場合が多く、本書もそれに準じる。

そのオッピドゥムを統括していたのが部族長であり、そこはまぎれもなく権力者の座であった。ドルイド教を伝える神官ドルイドが族長に仕え、政《まつりごと》、法律、裁判などあらゆる面でサポートしていた。

オッピドゥムは交易、産業、工芸（とくに金属細工）、政治、信仰の中心地で、社会的にも経済的にも整備されていた。ローマに征服される前から、一部のエリート層はすでにローマ風の生活を満喫しており、金属の工芸品や装飾品、刀剣やヤリなどの武器、武具を遠方から取り寄せていた。なかでも地中海沿岸のワインは彼らにとって最大のステイタス・シンボルだった。

さらにマケドニアやギリシアの硬貨を原型にしてオッピドゥム内で貨幣が鋳造され、市場経済が発達してきたのも大きな変化だった。貨幣にはしばしば族長の顔や名前が刻まれた。こうした貨幣や鋳造の道具がオッピドゥムから数多く出土している。

家屋は一般に木骨づくりで、屋根は厚いカヤ葺き。大陸では長方形、イギリス諸島とイベリア半島の一部では円形の家屋が主で、形態が異なっていた。生活の基盤は自給自足なので、オッピドゥム内で農耕と牧畜がおこなわれていた。主として麦類が栽培され、収穫物の貯蔵庫が不可欠だった。牛、豚、馬、羊、ヤギなどの家畜が飼育されていたが、とりわけ馬は騎兵用としても重視された。戦になると、成人男子が戦士として駆り出された。

紀元前一世紀から、ケルト人の領土が徐々にローマに支配されはじめた。それでもオッピドゥムの多くはローマ風にラテン語名に変わりながらも、依然、ケルト人の要塞化された町として存続し、主要な拠点として機能した。部族の民だけでなく、ローマ人の商人も住み着くようになり、経済活動が高まった。埋葬方法が土葬から火葬へ変わったのもこの時期である。

家屋が木造から石づくりになり、円形劇場、舗装道路、水道、共同浴場などかぎりなくローマ的な都市景観が現出するところもあった。郊外にはウィラ(Villa)と呼ばれるローマ風別荘も建てられ、急速にローマ化が進んでいった。

ガリアにかぎっていえば、ローマ化したガリア人がガロ＝ローマ(Gallo Roma)人と呼ばれ、彼らが生きた時代がガロ＝ローマ期(紀元前五〇年〜紀元四〇〇年)である。まさに「ケルト」と「ローマ」が融合した時代といえる。

税が徴収され、交易の範囲も飛躍的に拡大した。温暖なガリア南部ではワインが生産され、オリーヴの実と油が採取され、大きな商品として扱われた。

そんななか、標高の高い丘のうえのオッピドゥムは利便性の面から見捨てられ、その近くの平地にローマ帝国が建造したローマ風の新しい街へと住民が移住していった。なかには強制移住させられたケースも多かった。

領土内ではオッピドゥムで暮らしていた住人はごく少数であり、大半は各地に点在する小さな集落で農耕民として生計を立てていた。オッピドゥム以外ではローマ支配の前と後で生活形態にほとんど変化が見られなかった。つまり、依然として鉄器時代の暮らしをつづけていたことになる。オッピドゥムの住人だけが「都会人」の特権としてローマの影響を受けていたようである。

現在、遺跡として残っているオッピドゥムがいくつもある。それらはローマ軍によって破壊されたり、放棄されたりしたところであり、その一方で、ローマ時代に発展し、今日の都市へと変貌したところも少なくない。ヨーロッパを代表するパリ、ロンドン、ブダペストなどの大都市がそうで、いまやまったく痕跡を留めていないが、そのルーツはまぎれもなくケルト人のオッピドゥムにある。
そういう都市を挙げると——。かつてガリアの地であったフランスには結構ある。パリをはじめ、リヨン、アングレーム、オルレアン、ランス、トゥールーズ、ブザンソン、ブールジュ、マコン……。パリはセーヌ川に浮かぶシテ島にパリシイ族(Parisii)が定住していたので、その名がつけられた。ちなみに、そのセーヌ川はガリア人が信奉していた健康をつかさどる女神セクアナ

(Sequana)に由来する。いわば、川そのものがケルトの神なのである(＊コラム「女神セクアナ」を参照)。

ポルトガルには、オッピドゥムの名に由来する観光地のオビドスがあるし、イタリアでは、ボローニャ、ミラノ、ブレシア、ベルガモ、パルマなどがそうだ。ボローニャはそこに住み着いたボイイ族(Boii)の名が訛ったもの。

スイスでは、ベルン、バーゼル、チューリッヒ、ジュネーヴなど。古代、スイス全土にケルト系のヘルウェティイ族(Helvetii)が定住していたので、「ヘルウェティイ」や「ヘルウェティア」の地名がやたらと多い。

オーストリアでは、ウィーンやリンツ。ハンガリーなら、ブダペストの市中を流れるドナウ川右岸のゲッレールトの丘にオッピドゥムがあった。ほかにもセルビアのベオグラード、スロヴァキアのブラチスラヴァがある。

イギリスでは総じて数が少ないものの、ケルト系ブリトン人が定住していたイングランド、それも南部に多い。ロンドン、ウィンチェスター、チチェスター、コルチェスター、セント・オーバンズ……。

こう見てくると、ケルト由来のオッピドゥムがヨーロッパの都市の礎になっているのがよくわかっていただけると思う。

I

ドイツ

マンヒンク

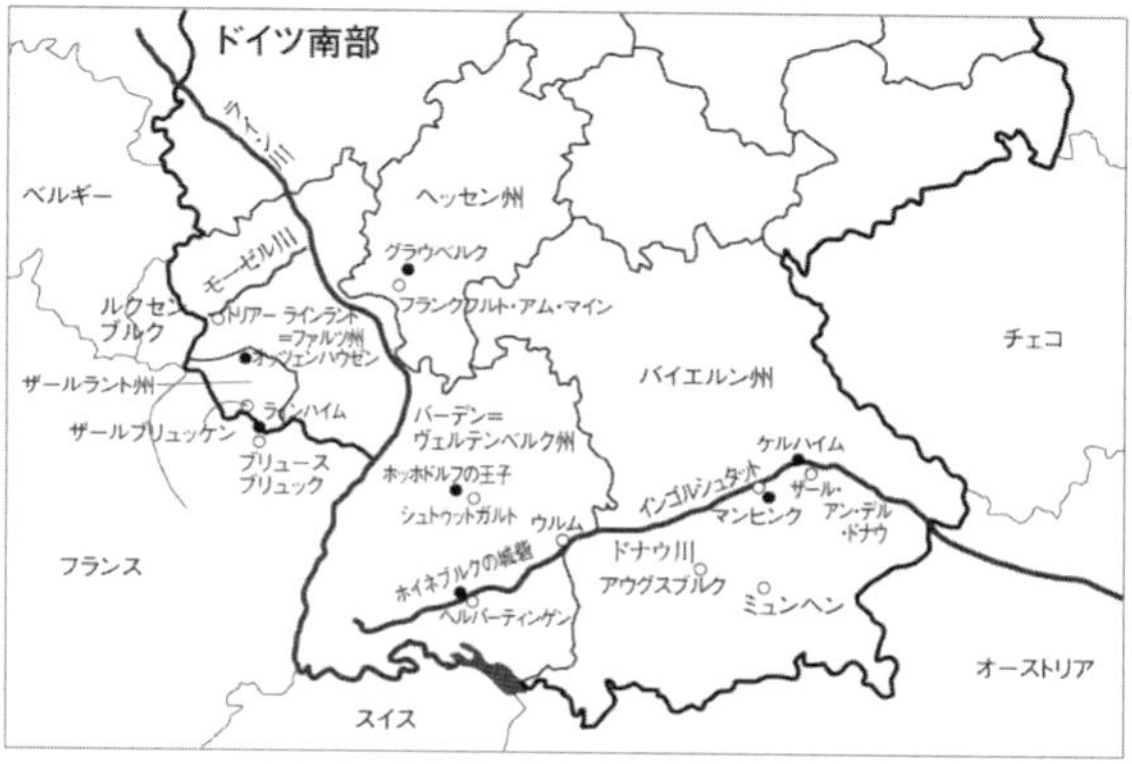

ドイツといえば、まぎれもなくゲルマン人の国。当然、「ケルト」とは無縁と思われがちだが、古代にはドナウ川の南側はケルト人の定住エリアだったので、ドイツ南部には存外に「ケルト」の遺産が残っている。はじめてドイツに取材旅行に出向いたとき、「ケルト」の多さにカルチャーショックを受けたのを覚えている。

バイエルン州のインゴルシュタット(Ingolstadt)は州都ミュンヘンの北北東約七五キロに位置し、列車なら四五分で着く。ここはドイツ車の代表格の一つ「アウディ」の街として知られている。本社と工場があり、同社が地域の最多雇用企業となっている。ドナウ川をはさんで北側の旧市街と南側の新市街にくっきり分かれている。

目的地のオッピドゥムはこの街から南東へ約八キロ。ドイツ鉄道（DB）のインゴルシュタット駅前にあるバス・ターミナルから市営バスに乗り、マンヒンク（Manching）の町を通過後、しばらくすると運転手が「ここだよ」と教えてくれた。下車し、少し西側の奥まったところに細長いブルーの建物があった。それがケルト・ローマ博物館だった。二〇〇六年開館の小ぎれいな博物館で、オッピドゥムの解説と出土品が整然と展示されていた。八割がケルト関連で、残りがローマといった感じ。

肝心のオッピドゥムの跡はどこにあるのか。係員に訊くと、ここから東側の一帯がすべてオッピドゥムだったという。それはほぼ円形で、外周が七・二キロもある。敷地面積が三八〇ヘクタールというから甲子園球場が一〇〇個入るひろさだ。でかい！　丘は見当たらない。完全な平地である。地図を見ると、マンヒンクの町の東側がすっぽり入っていた。周囲には大麦畑が累々とひろがっており、道路が何本も走っている。なんと東のほうには軍用のインゴルシュタット・マンヒンク空港がある。博物館はオッピドゥムの西端から少し外れたところに建っている。

オッピドゥムは長らく畑地の下に埋まっていた。一八三一年、地元の学校教師が一部を発見し、ローマ遺跡であると推察して刊行物に発表した。それを機に発掘調査がおこなわれ、一九〇三年になって、はじめてケルト人のオッピドゥムであることが確認された。その後、引きつづき調査をおこなううちに、とてつもなく広大な遺跡であることがわかってきた。

ところが第二次世界大戦の直前、アドルフ・ヒトラー（一八八九年〜一九四五年）のナチス政権が軍用飛行場を建造したため、調査が中断された。その飛行場が戦後も使われ、前述したとおり、い

復元されたオッピドゥムの東門

まも現役の空港として機能している。戦時中は飛行場があったので、連合軍による空爆がおこなわれ、遺跡がかなり破壊されたという。残念なことだ。

一九五五年からドイツ考古学協会とバイエルン州考古学部門が共同で大々的な発掘調査をはじめた。その結果、中央ヨーロッパでもっとも精密に調査がなされたオッピドゥム遺跡の一つとなった。しかしマンヒンクの町が発展、拡張するにつれ、つぎつぎと農地が住宅地へと変貌を遂げ、調査がはかどらなくなってきた。街の開発と考古学遺跡の調査。この関係を解消するのは永遠の課題である。現在、マンヒンクの住宅街の下に貴重な遺物がさぞかし多く眠っているのであろう。

このオッピドゥムは紀元前三世紀、ウィンデリキ族(Vindelici)によって建造された。当時、すぐ北側を流れるドナウ川の向こう側が異民族ゲルマン人の生活圏であり、この地がケルト人定住地の最北端だった。ウィンデリキ族ははるか西方のガリアで話されていたガリア語の方言を話していたらしい。このオッピドゥムは彼らの領土の主邑だったが、そのころの名前が判明しておらず、便宜上、現代名のマンヒンク・オッピドゥムの呼称が使われている。

当初、周囲には土塁が築かれていたが、紀元前一五〇年ごろ、高さ五メートル、幅が九メートルの防御壁が張り巡らされた。北方のゲルマン人の脅威に備えたからだろうか。それは火災にも強い堅牢な「ガリア壁」で、木枠に打ち込む釘が八トン以上も使われたそうだ。さらに紀元前一〇四年、その内側に「ケルハイム型」の防御壁で補強された。一つのオッピドゥムで、「ガリア壁」と「ケルハイム型」の外壁を有するのはここだけだ。

外部との接点となる門が数か所、設置されていたようだ。東門が再建されていると知り、さっそく見に出かけた。結構、交通量の多い道路に沿って東へ歩いて行くと、こんもりした林があった。そこに白い石と木でできた壁に挟まれるようにして木製の門があった。当時は門のうえにバンガローのような木造の監視小屋が建てられていたという。

オッピドゥムの中央部に人が多く住み着いた。人口が五〇〇〇人～一万人と推測されているから、もうれっきとした町である。

博物館の再現模型を見ると、通りが碁盤の目のように何本もあり、その両側に長方形のカヤ葺き木造家屋が一定間隔で建ち並んでいる。大半が平屋建てで、一部、ハーフティンバー（半木骨づくり)もある。ひときわひろい四角い囲いのなかに建てられた大型の家屋が族長とその家族の住居だ。高貴な者も囲いのなかで家族、親族単位で暮らしていた。

一般住人は、囲いの外の一軒家があてがわれた。細長い建物(ロングハウス)は作業所や工房、高床式になっているのが食物貯蔵庫、頑丈そうな家屋が兵器や馬具の倉庫である。馬小屋らしい建物も見られる。全体的にゆったりとした街並みで、そのたたずまいからして日本の弥生時代の集落とひじょうによく似ている。

ドルイド教の信仰の場がどこにあるのかは特定できていないが、説明板によると、神殿らしき建物の跡が見つかったという。その場所におびただしい数の人骨がばらまかれていた。それらは先祖崇拝と関係があるのではないかとみられている。

一九八四年、北側の道を発掘中、黄金の葉で装飾された木箱が見つかった。そのなかに金の葉をつけた木の幹が二本入っていた。ブロンズの蔦、金箔の芽、ドングリの実も添えられている。明らかに信仰的なもので、木の本体は、古代ケルト人が崇めていたオーク(ナラ)。博物館の目玉展示ともいえるこの「黄金の木」は見れば見るほど魅せられていく。

二つの墓地があった。北東部に二二基、西端を流れるドナウ川の支流、パール川沿いに四三基。いずれも高貴な者の墓で、武器類や女性の装飾品などの埋葬品が出土している。しかし住人の数からすると、墓が少なすぎる。いったいどこに土葬されていたのか。

オッピドゥムの周辺が農業と牧畜に使われていた。主な栽培作物は、大麦、小麦、カラス麦、ライ麦といった麦類、ソラ豆、レンズ豆、ヒナゲシ、ヘーゼルナッツ、各種果物類など。しかし、それだけではオッピドゥム内の住人の胃袋を満たすことができず、周辺から農作物を供給していたと考えられている。

牛、豚、馬、羊の大量の骨が見つかったことから、ここは地域の家畜市場になっていたと思われる。パール川で獲れる魚も貴重なたんぱく源だった。地中海の魚を使った魚醤《ぎょしょう》(主に魚介類を原料にした液体状の調味料)の痕跡も発見されている。

ということは、交易が盛んだったということだ。パール川を少し下れば、ヨーロッパの東西を結ぶドナウ川へすぐに行けるし、逆にパール川をさかのぼれば、アルプス近くにまで到達できる。つまり、古代の二つの交易ルートの交差点だったと考えられる。

鉄鉱石と金の鉱脈が近くにあり、ガラス玉(青いガラス)、ブレスレット、陶器、宝石、織物の生産地だった。とりわけ窯業が発達していた。さらにはバルト海の琥珀や地中海のワインを運ぶ陶器製のアンフォラ型容器が出土していることから、ここが交易と経済の中心地であったのはまちがいない。

交易が発達してくると、物々交換では間に合わなくなり、貨幣が必要となった。そのため独自にコインを鋳造する造幣工房が築かれた。その痕跡が見つかっている。良質な貨幣を鋳造するための計量器もあったようだ。小さな銀貨と不純物の混ざった青銅コインがオッピドゥムのなかで流通され、紀元前一世紀以降、金貨と銀貨が外部との交易で使われていたという。

一九九九年、金貨をびっしり詰め込んだ宝箱がパール川のそばで見つかった。真んなかがくぼんだ四八三枚のコインで、重さにして二一七グラムの金の塊である。「ケルト」関連では二〇世紀最大の発見といわれた。これは族長ではなく、個人が所有していたものらしい。交易で利を得た商人であろうか、よほどの金満家だ。金貨の山を博物館で目の当たりにしたとき、思わず「わっ!」と叫んでしまった。

このように交易と経済の重要な拠点として繁栄を誇ったマンヒンクのオッピドゥムにも終焉が訪れた。従来、紀元前一五年、ローマ帝国第二代皇帝、ティベリウス帝統治下のローマ軍の攻撃で破壊されたといわれてきた。しかしローマ軍が到来したとき、すでに防御壁が壊されており、オッピドゥム自体、見るも無残に荒廃していたという。

どうしてそうなったのか。それは紀元前四四年にユリウス・カエサルが西方のガリアを完全征服したことにより、ヨーロッパ大陸でおこなわれてきたケルト人の交易と流通システムが崩壊したからだと考えられている。その恩恵にあずかってきたマンヒンクのオッピドゥムはもろに影響を受け、潮を引くように衰退がはじまったらしい。去ってゆく人が相次ぎ、人口減がつづき、やがて見捨てられるようになったというのである。

ローマ支配期、ウィンデリキ族の領土の主邑は、マンヒンクから南西約六〇キロ、ローマ軍団の基地が設置されたアウグスタ・ウィンデリコルム(Augusta Vindelicorum)へ移った。以降、そこがローマの属州ラエティア(Raetia)の都として発展した。それが現在のアウグスブルク(Augusburg)である。

ケルハイム

マンヒンクのオッピドゥムの大きさに驚かされたが、その倍のひろさをもつオッピドゥムが近くにある。ドナウ川を三〇キロほど下ったところにあるケルハイム(Kelheim)。インゴルシュタットから東方のザール・アン・デル・ドナウ(Saal an der Donau)まで三〇分ほど電車に乗り、そこからバスに乗り継ぎ、ケルハイム市に到着した。ドナウ川とその北側を流れる支流、アルトミュール川との合流地点に位置する。人口は約一六万人。

バス停のすぐそばにドナウ川が流れていた。対岸の船着き場にはドナウ川とアルトミュール川の景勝地を巡る遊覧船が何隻も係留されており、結構、頻繁に運航されている。ドナウ川に架かる橋を渡り、こぢんまりしたドナウ門を入ると、そこが旧市街だった。アルトミュール川とのあいだにはさまれており、ほぼ正方形になっている。カラフルな色の可愛い建物が建ち並んでおり、なんだかおとぎの国にいるような錯覚におちいる。

木々に覆われた標高一二六メートルのミヒェルスベルク(Michelsberg)の丘が西側に迫っている。その頂に円柱形のベルフラインクシャーレ解放記念堂が建っている。フランス皇帝ナポレオン一世(一七六九年〜一八二一年)のドイツ支配に打ち勝った解放戦争(一八一三年〜一五年)を記念し、一八六三年にバイエルン国王ルードヴィッヒ一世(一七八六年〜一八六八年)が建てたものである。

オッピドゥムのあったミヒェルスベルクの丘。手前はドナウ川

ベージュ色の美しいドームはケルハイムのランドマークになっている。

オッピドゥムはその丘と北側のすそ野にひろがっていた。面積は六五〇ヘクタール。たしかにマンヒンクのオッピドゥムの比ではない。南ドイツでは最大の規模を誇る。紀元二世紀にアレクサンドリアを拠点にしていたギリシアの地理学者プトレマイオスがこの地をアルキモエニス（Alkimoenis）と名づけていたことから、「アルキモエニスのオッピドゥム」として知られている。

二つの川にはさまれたロケーションは防御と戦略の両面から理想的な立地とあって、丘には紀元前一万三〇〇〇年ごろの旧石器時代から人が住んでおり、ケルト人がやって来たのは紀元前五世紀以降のこと。彼らはマンヒンクのオッピドゥムを築いたウィンデリキ族と思われる。

そして紀元前三世紀にオッピドゥムを建造し、同一世紀まで定住した。人口は二五〇〇人～五〇〇〇人と推定されている。

旧市街地内のケルハイム市立考古学博物館に展示されているオッピドゥムの模型と地図を見ると、当時の状況がよくわかる。驚いたのは、ひろびろとした丘のうえにはなんと南側の一部を除いて住居跡がほとんどないことである。丘のうえは安全で、暮らしやすいと思うのだが……。

それではどこに住んでいたのかというと、アルトミュール川の南岸一帯(現在のミッターフェルト地区)とオッピドゥムの外に位置する東側と西側である。東側には旧市街とそれにつづくエリアが入る。どうしてオッピドゥムのなかに人が住まず、周辺に定住したのだろう。オッピドゥムの外側は防御的な役割を担う川があるとはいえ、決して安全な場所とはいえない。

その理由がわかった。ミヒェルスベルクの丘を含め、この辺りは鉄鉱石の埋蔵地で、鉄鉱石から鉄を取り出す製錬が丘のうえでおこなわれていたからである。鉄鉱石を燃やす熱源の木は近辺の森林から供給されていた。

丘の地中から製錬によって生じる石灰とスラグ(鉱物成分などの物質)の層が見つかっており、製錬に使われた痕跡とみられる無数の穴が残っている。考古学博物館に古代の溶鉱炉が展示されていた。中世になっても鉄鉱石の採掘と製錬がおこなわれていたようである。

丘上は、いわば製錬所だったので、人が住むスペースではなかったのである。住人の多くは採掘と製錬に携わっていたと思われ、定住地は「工業団地」の様相を呈していたのではないだろうか。

このように一つの産業に特化したオッピドゥムはきわめて珍しい。

上空から見れば、オッピドゥムは三角形をしている。もちろん防御壁があり、それも三つの壁が順々に建造されていた。西端の外壁は長さが三・二八キロで、アルトミュール川とドナウ川のあいだを南北に結んでいる。二つ目の壁は丘の北側をアルトミュール川沿いに東西に伸びており、東端がドナウ川のほうに折れている。長さは三・三キロ。三つ目が、オッピドゥムのなかに設置された長さ九三〇メートルの南北の壁。これはなんのための壁なのかは不明だ。

ドナウ川に面する南側は切り立った断崖なので、防御壁は不要だった。考古学博物館の中庭に壁が再現されており、丘のうえにもほんの少し壁が現存している。

こうした壁は、序章の〈オッピドゥム〉でふれた「ケルハイム型」というもの。木の杭、石灰岩の石塁、土を組み合わせてつくられている。壁の総延長は一〇キロにも達する。高さは二メートル〜六メートル。推定では、八〇〇〇本以上の木、一万七〇〇〇立方メートルの石灰岩、三万五〇〇〇立方メートルの土が必要とされている。これはかなりの労力を費やしたはずだ。

オッピドゥムが見捨てられた原因がよくわかっていない。鉄を求めて北方から侵入してきたゲルマン人のマルコマンニ族(Marcomanni)との戦いのあとに放棄したのだろうか。紀元前一五年にローマ帝国に支配されてから、この地は属州ラエティアの北の国境になった。すぐ向こうはゲルマン人の生活圏である。ローマ帝国滅亡後の中世になると、鉄の製錬を拡充するため丘のうえにも集落ができたという。

ケルハイムの旧市街からアルトミュール川沿いにあるミッターフェルト通りを一キロほど西へ向かい、シュロイゼン通りと交差するところに子どもが楽しんで学べるテーマパーク「アルトミュールタール考古学公園(Archäologieparks Altmühltal)」がある。ここはオッピドゥムの住居エリアだったところ。防御壁の門を入ると、先史時代の世界がひろがっていた。そのなかに古代ケルト人の住居や作業所などを再現した集落がある。

考古学博物館には、溶鉱炉、刀剣、牡牛の像などオッピドゥムで発掘された興味深い出土品が数多く展示されており、ケルハイムの古代が手に取るようにわかる。野外では、ミヒェルスベルクの丘に登って散策するもよし、旧市街をそぞろ歩くもよし、遊覧船に乗って景勝地を巡るもよし。ケルハイムは日本ではあまり知られていないが、いろんな意味で存外に楽しめるスポットだった。

［コラム］「ホイネブルクの城砦」

「ヨーロッパの母なる川」と呼ばれるドナウ川の水源にほど近いドイツ南西部、バーデン=ヴェルテンベルク州のシュワーベン・アルプ高原の東端に位置するホイネブルク(Heuneburg)の城砦。台形状の丘のうえに築かれており、長さが約三〇〇メートル、幅が最大一五〇メートル、総面積が約三・二ヘクタール。四〇メートル下にドナウ川が流れている。

ハルシュタット期(紀元前八〇〇年~同四五〇年)の首長の居城である。ラ・テーヌ期に入る前に火災で焼失した。ギリシア風の日干しレンガを積み重ねた防御壁で囲われ、内部には木造の住居や貯蔵庫などが建ち並んでいた。人口が最大五〇〇〇人に達していたとみられる。オッピドゥムの原形ともいえる初期ケルトの重要な遺跡。

初期ケルトの代表的な遺跡、ホイネブルクの城砦

最盛期は紀元前六〇〇年~同四五〇年。交易の中心地で、ギリシアやエトルリア(北イタリア)のツボや土器、バルト海の琥珀、マルセイユのアンフォラ(陶器製ワイン収納器)などが数多く出土した。西約二キロに高貴な夫婦を埋葬したホーミヒェレ(Hohmichele)の巨大な埋葬塚がある。遺跡内の野外博物館と南約二キロのフンダージンゲン(Hundersingen)村のホイネブルク博物館には発掘品や解説パネルなどが展示されている。

[アクセス]ドイツ鉄道のウルム(Ulm)駅からローカル線で約一時間のヘルバーティンゲン(Herbertingen)駅で下車、そこから徒歩。

ラインハイム

「おっー、ようやく会えた!」

彼女は三・五メートル四方のオーク材でできた墓室に、頭を北にして静かに横たわっていた。白いドレスに濃紺のショールを羽織り、両手を腹部で組んでいる。金のブレスレットとトルク(首環)がきわ立つ。

頭の右手には鏡、左手には琥珀のネックレスや赤い珊瑚を施した黄金の円盤状フィブラ(ブローチ)、人形のようなお守り、青銅製のオンドリの留め金などいくたの装飾品が置かれている。奥の台座には青銅製フラゴン型ワイン容器とツノのコップ。その容器の蓋と取っ手のつけ根に人面の四足獣がついている。この女性がラインハイム(Reinheim)の「ケルトの王女(Keltischer Prinzessin)」である。

ラ・テーヌ期の初期に当たる紀元前四世紀に埋葬された、見るからに高貴な女性。「ケルト」の歴史においてきわめて重要な遺産といわれている。王女となっているが、年齢は不肖で、部族も特定されていない。しかし、ガリア北東部に定住していた部族にちがいない。ひょっとしたら、一部ゲルマン諸部族が混じっていたベルガエ人(Belgae)のメディオマトリキ族(Mediomatrici)かもしれない。

一九五四年にこの王女が発見された場所が、ドイツとフランスの国境にあるラインハイムだった。具体的に言えば、ドイツ南西部ザールラント州最南端のラインハイムとフランス北東部ロレーヌ地方モーゼル県のブリュースブリュック(Bliesbruck)にまたがるエリア。ここはオッピドゥムではなく、埋葬地である。本書の趣意に外れるが、ぜひとも紹介したい場所なので、あえて記述すること

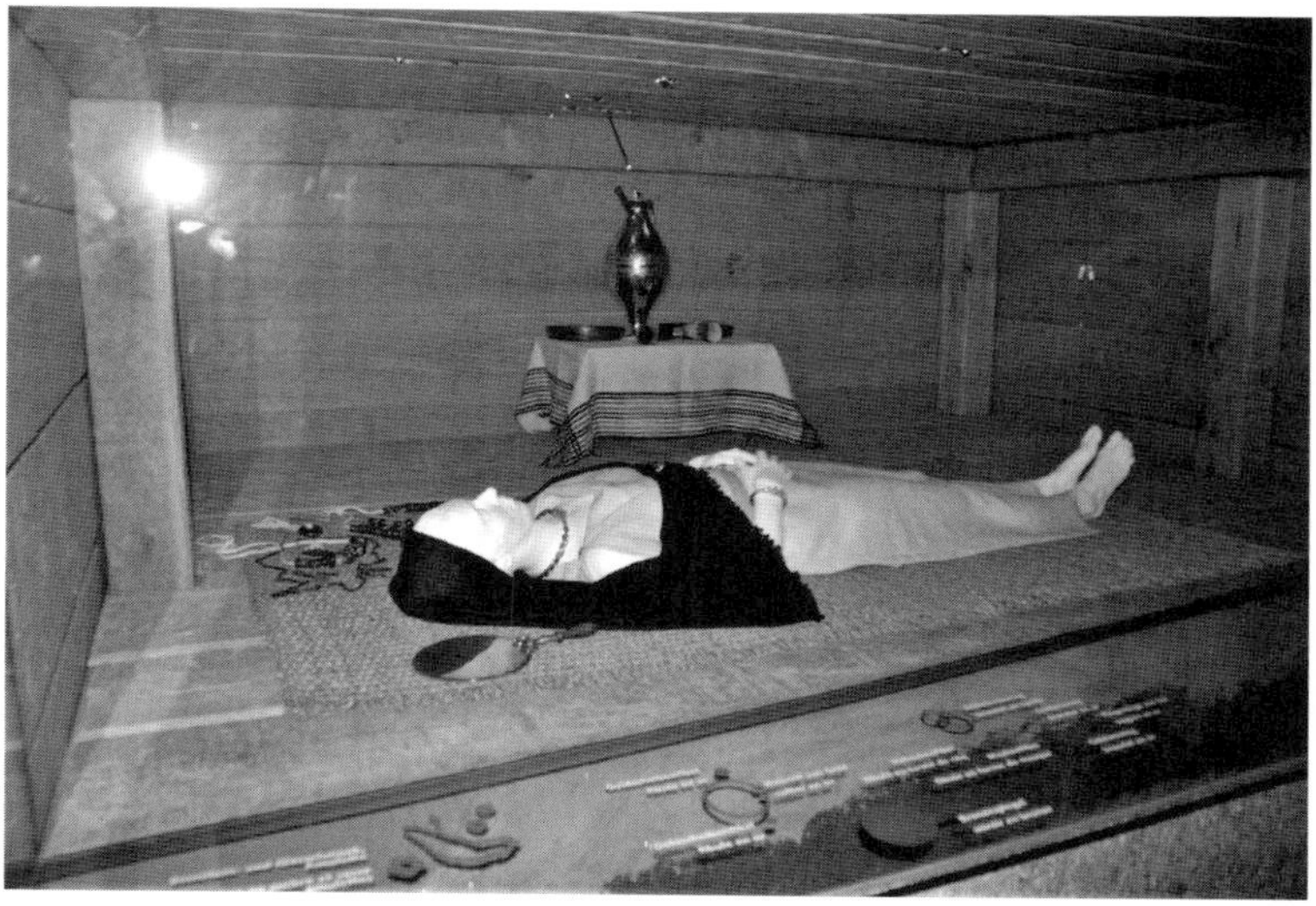

ラインハイムの「ケルトの王女」(レプリカ)

にした。

現在、この地は「ブリュースブリュックーラインハイム・ヨーロッパ考古学公園」になっている。一九八九年、ドイツとフランスの地元自治体が欧州連合(EU)の支援を受けて共同で建造したケルトとローマの野外博物館である。敷地はブリース川右岸の七〇ヘクタール。甲子園球場のざっと一八倍だ。南北が約一・二キロ、東西が最大で約四〇〇メートルあり、ほぼ長方形になっている。

考古学公園へのアクセスはザールラント州の州都ザールブリュッケン(Saarbrücken)を起点にするのが便利だ。ぼくはSバーン(近郊電車)に乗り、南方のクラインブリッテルスドルフ(Kleinblittersdorf)駅で下車、そこから考古学公園行きのバスに乗り換えた。一つ手前ののどかなゲルシャイム(Gersheim)村を通過したバスはケルト通り(Keltenstraße)と名づけられた道路を真っすぐ南下し、ブリース川を渡ったところで停まった。そこが目的地である。ザールブリュッケンから一時間ほどで到着できる。

バス停前のラウンドアバウト(環状交差点)の真んなかに古代の大きなワイン容器が置かれてあった。わかりやすい目印だ。すぐそばのヨーロッパ文化公園博物館には、遺跡の発掘に貢献したフランス人考古学者ジャン・シュアブ(一九二七年~二〇〇〇年)を顕彰し、「ジャン・シュアブの家(Maison Jean Schaub)」という名称が添えられていた。

この博物館が考古学公園の入り口になっている。中石器時代(紀元前一万年~同七〇〇〇年)から「ケルト」の時代を経てローマ時代にいたるこの地域の歴史が展示、解説されており、ここが権力の中心地であったことがわかった。館内をひととおり見学してから、左手に池を見ながらブリース川沿いに西へ歩を進めると、おわんを伏せたような三つの墳墓が迎えてくれた。

北側にある直径二三メートル、高さ四・七メートルの一番小さな墳墓が「ケルトの王女」の埋葬地である。その墳墓の前に彼女を守るように人面の四足獣の像が立っており、不気味な眼差しでこちらをにらんでいる。

「保存状態がいいですね」

そばにいたドイツ人の若い男性学芸員に言うと、クスクス笑った。

「すべてレプリカですよ」

「えっ!」

人面の四足獣に守られている「ケルトの王女」の墳墓

実際の墳墓は一〇〇メートルほど東側、先ほどの博物館の近くにあったそうだ。王女の墓室もつくり物で、見事に再現されていた。それが冒頭の記述である。発掘されたとき、人骨化していた王女も埋葬品もかなり劣化していたのは言うまでもない。

「実物はザールブリュッケン先史博物館で展示されています」

翌日、その博物館で豪勢な埋葬品をしかと目にすることができた。どれも見事に修復されており、古代の息吹がひしひしと伝わってきた。館内での写真撮影は禁止されていた。

考古学公園北端の眺望スポットから南側に視線をそそぐと、おびただしい数の遺跡が目に飛び込んできた。なかなか壮観である。三つの墳墓の西側には、ガロ＝ローマ期の荘園主の大きな館の跡があり、柱が何本も立っている。その南側、東西八〇メートル、南北一三五メートルの長方形の敷地が農園である。そこはきれいに一〇区画に分かれている。農園の西側の四角い敷地内にケルト人の家屋を再現した「ケルトの村」があった。

農園の真んなかを貫く通りをどんどん南へ歩き、門を通過すると、ドイツとフランスの国境に差しかかった。といっても、小さな建物があるだけ。向こう側にEU旗をはさんで右手（北側）にドイツ国旗、左手（南側）にフランス国旗が翻っていた。鉄と石炭の産出地であるアルザス・ロレーヌ地方はかつて独仏両国でなんども領土争奪がおこなわれたところである。この場所も何回も領有権が行き来したことだろう……。

フランス側に入り、右手に池のある敷地を進んでいくと、近代的なエキシビション・センターが見えてきた。八月初旬の快晴日とあって、気温が三三度にも達しており、熱中症を防ぐため、エアコンの効いた館内へ〝避難〟した。こちらのスタッフはみなフランス人である。

「今日は暑いですね。ここでは考古学公園の全容を解説しています。どうぞごゆっくり見学していってください」

受付の女性が流暢な英語で応対してくれた。課外学習の小学生やピクニックに来た家族連れが館内に大勢いたのには驚かされた。たしかにわかりやすく展示されている。

体をクールダウンさせてからふたたび屋外へ。しばらくすると、整然とした「ローマの町」の遺構がいきなり現れた。そばに大浴場や職人街などの跡もある。どれも結構、保存状態が良い。大浴場に完備されていたサウナ様の熱室や冷水プールをはじめて目にすることができた。

「ローマの町」はかなり繁栄していたと思われる。ところが紀元四世紀に起きた大火災ですべてが焼失したのを機にこの地が見捨てられ、いつしか土中に埋まってしまったという。古代遺跡が眠っているのが発見されたのが一七六〇年のこと。以降、本格的に発掘調査がおこなわれ、今日までに「ケルトの王女」をはじめ、数多くの貴重な遺産が現代によみがえった。

ケルト人が築いた集落やオッピドゥムの楚々としたたたずまいとローマの近代的な様相が肉眼で比較できるのが面白い。ローマを前にすると、「ケルト」がいかに前近代的であるかを改めて実感させられる。まったくベクトルが異なっているのである。

Uターンして、炎天下、来た道をもどった。この考古学公園はつくづく立派な施設だと思った。十分、満足感を得て去るとき、先ほど墳墓の前で知り合ったドイツ人学芸員に声をかけられた。その青年にはぼくが「ケルト」を探るために日本から来たことを伝えると、すごく喜んでくれた。

「じっくり見学していただき、ありがとうございました。ここはヨーロッパで一番、充実している遺跡公園だと思っています。日本人はめったに来られませんので、ぜひPRしてください」

爽やかな笑顔に見送られ、ラインハイムをあとにした。

オッツェンハウゼン

ドイツで最古の町は？　それは中西部ラインラント＝ファルツ州のモーゼル川沿いに開けたトリ

ア－(Trier)である。なぜなら、紀元前一八年、今日のドイツ領内ではじめて建造されたローマ帝国の植民市であるからだ。『資本論』を発表したカール・マルクス(一八一八年~八三年)の生家がある街としても知られている。

ローマ期の名はアウグスタ・トレヴェロルム(Augusta Treverorum)。高度な地中海文明がもたらされ、「第二のローマ」と呼ばれて繁栄を謳歌した。旧市街への入り口になっているユネスコ世界遺産登録のポルタ・ニグラ(黒い石門)、大浴場、円形劇場などの古代ローマ遺跡が街中に点在している。

もともとの住人であるトレウェリ族(Treveri)がこの地にオッピドゥムを築いていた。トレウェリ族はケルト語を話していたのに、自らはゲルマン系であると主張していたようで、学術書にはしばしばケルト=ゲルマン系部族と表記されている。

ローマ人が名づけた「トレヴェロルム」は、文字どおり、「トレウェリ族の町」の意味。ローマ支配期に徹底的にローマ化が図られたので、オッピドゥムやケルトの痕跡は街にはほとんど残っていない。

ライン州立博物館を訪れると、「ケルトの世界」と「ローマ化されたケルト人」の展示室があり、思いのほか充実した内容だった。カメラ撮影が禁止されていたのはひじょうに残念だったが、学芸員から有益な情報を得た。トリアーの近郊に壮大なオッピドゥム跡が現存しているというのである。

「フンネンリンク(Hunnenring)と呼ばれています」

直訳すれば、「フン族の輪」。フン族はかつてヨーロッパ人を恐怖のどん底におとしいれた北アジアの遊牧騎馬民族だが、総じて「野蛮人」の意味がある。たしかに古代ケルト人は野蛮人だったが……。英語ではどういうわけか、「ケルトの円形壁(Celtic Ring Wall)」と訳されている。場所はオッツェンハウゼン(Otzenhausen)。トリアーから直線距離にして南東約三〇キロの山間部にある。

ただちに現場へ向かった。

ドイツ鉄道のトリアー駅前からバスに乗り、ドナトスプラッツ・ヘルメスカイル(Donatosplatz Hermeskeil)村で乗り継ぎ、オッツェンハウゼン村を通過後、北上して一つ目のバス停で下車した。所要時間は一時間ほどだった。フンスリュック自然公園内にあるドルベルク山脈(最高峰が標高六九五メートル)のふもとで、緑深い木々に覆われた山が迫っている。ここはラインラント゠ファルツ州ではなく、ザールラント州の最北端に位置する。

バス停の前に「ケルト公園(Keltenpark)」があった。古代ケルト人の集落を再現したテーマパークだ。ヨーロッパ大陸ではケルト関連スポットに行けば、この手の施設がよく見受けられる。近々、博物館がオープンするそうである。

目的地はここから北東へ約一キロの山頂部にある。はて、どこから登って行けばいいのか。「ケルト公園」の左手に道表示と地図があり、オッピドゥムへといたる登山道が横手から伸びている。どうやら迂回していくようだ。ウォーキング・シューズを履いてきてよかった。スマホで撮影したその地図を頼りに登山道に足を踏み入れた。

傾斜がそれほどきつくない。すぐにうっそうとした森に包まれた。この日は晴れわたり、木漏れ日が目に優しい。途中、説明板が所どころに立てられてあった。英語表記があるので助かる。

〈おやっ、あれは!〉

ラインハイムの「ケルトの王女」を守る人面の四足獣によく似た木の彫刻がぽつねんと屹立していた。ほかにも「ケルト」に関連した芸術的な造形物が森のなかにいくつも〝展示〟されており、独特な雰囲気が野外空間にかもし出されている。バードウォッチング用の監視小屋もあった。そんな魅惑的な森に引き込まれ、知らぬ間に道に迷ってしまったようで、本来なら、三〇分ほどで到達できるはずなのに、なかなか遺跡までたどり着けなかった。

出発してから一時間後、森が切れた。青空が見え、いきなり前方の視界が明るくなってきた。高さ約一五メートルの斜面に大小さまざまな石がびっしり敷き詰められていた。反射的に駆け上ると、そこには信じられない光景がひろがっていた。まるで絨毯のように石塁の道がずっと伸びている。おびただしい数の石、石、石……。圧巻! 思わず見とれてしまった。

ここはオッピドゥムの北の防御壁。いまそのうえに立っているのである。幅が約一〇メートル、長さが約四六〇メートルもある。ごつごつした石は氷堆石《ひょうたいせき》。氷河の流動によってもたらされた岩屑などの堆積物で、この辺りの地層はみなこの氷堆石でできている。なんらかの方法で岩を砕き、防御壁に用いたのであろう。それも強固な「ガリア壁」である。なのに壁は完全に崩落している。その理由はあとで述べる。

ドルベルク山の山頂に築かれた防御壁の崩落跡

オッピドゥムの敷地は逆二等辺三角形をしており、北の壁が底辺に当たる。その両端から南に向かってそれぞれ長さ六四七メートルの防御壁が伸びている。防御壁全体で長さが約二・五キロにもおよぶ。使われた石は約二四万立方メートルで、鉄道貨車の九〇〇〇両分に相当するそうだ。数千本の木の梁も使われた。内部のひろさは約一八・五ヘクタール。南側には内壁も築かれていたが、なんのために設置されたのかはわかっていない。

現在、目に見えるところは北の防御壁と北門だけで、残りの部分は土のなかに埋まったまま。オッピドゥムの内部も木々が生い茂っている。中心部が盛り上がっているのは、そこが標高六九五メートルのドルベルク山の山頂だから。

オッピドゥムの住人は、ガリア北東部の辺境地に定住していたトレウェリ族。トリアーのところで説明したあの部族である。ここは彼らの領土の最南端に位置する。紀元前五世紀～同四世紀(ラ・テーヌ期の前期)、おそらくライン川の向こうに生活圏があったゲルマン人のスエビ族(Suebi)に対する防御拠点として建造されたのだろう。

紀元前二世紀から隆盛をきわめたが、紀元前七〇年ごろに見捨てられた。理由ははっきりしていない。ローマによるガリア戦争と関係していたのかもしれない。

ローマ支配下の紀元前五一年、名将ティトゥス・ラビエヌス指揮下のローマ軍団によって防御壁が徹底的に破壊されたようだ。べつに壊さなくてもいいと思うのだが……。目の前の石塁はその残滓、つまり破壊の跡なのである。

紀元二世紀～三世紀にローマの小さな石の寺院が建てられたが、不便な山の頂で暮らす理由がなく、ローマ人は入植しなかった。ただ、ゲルマン人がいる北方と東方ににらみを利かす意味合いから、戦略ポイントとして使われたようだ。それなら、防御壁を壊す必要がなかったのに……。

四世紀になると、ローマ帝国領に侵入してきたゲルマン人の居住地となった。宗教改革後、カトリックとプロテスタントとのあいだで繰りひろげられた三〇年戦争(一六一八年～四八年)のとき、近隣住民がここに避難してきたという。そのあとは徐々に木々に覆われて森と一体化し、人々の記憶から遠のいていった。

このオッピドゥムがはじめて文書に記述されたのが一五八九年のこと。プロイセン王国の皇太子、フリードリヒ・ヴィルヘルム四世(一七九五年～一八六一年)が一八三七年にここを訪れている。

一八八三年から調査がスタート。第二次世界大戦前の一九三六年～三九年、北側を中心に本格的に発掘がおこなわれ、木造家屋の痕跡、墓塚、鉄の道具、陶器類、コインなどが見つかった。調査は全体の三パーセントにしかすぎず、居住人口すら不明だが、当時の暮らしぶりが少しずつ浮き彫りにされてきた。

北壁近くに湧き出ていた泉の水が貯水池に溜められ、余った水は排水路を伝って壁の外に流されていた。これが住人の生活を支えた。大麦、小麦、レンズ豆などが栽培され、豚と牛が飼われていた。野生動物が多く生息していそうなのに、狩猟はそれほどおこなわれていなかったようだ。

この地が繁栄した最大の要因は鉄鉱石の採掘と製錬だった。現在でも近辺で採掘がおこなわれている。ドイツの南部と西部に点在する古代ケルトの遺跡は、前述したケルハイムしかり、ことさら「鉄」との関わりが強いことがわかる。

帰りのバスの時間が迫ってきた。あまり長居はできない。下界に視線を落とし、満足感を抱きつつ、足早に山を駆け下りた。

［コラム］「ホッホドルフの王子」

ベンツで知られるダイムラー社の本社があるドイツ屈指の産業都市シュトゥットガルト(Stuttgart)。そこから北北西へ約二一キロの田園地帯にあるホッホドルフ(Hochdorf)村(バーデン

＝ヴェルテンベルク州）で一九七八年、「ホッホドルフの王子（Hochdorf Prinz）」と呼ばれるハルシュタット期末期（紀元前五四〇年〜同五二〇年）の高貴な人物の墳墓がほぼ完全な状態で発見された。

地下二・四メートルの墓室は四・七メートル四方の正方形。そこに安置された青銅の長イス（長さ二・七五メートル）に、身長一・八七メートルと大柄な四〇歳前後の男性の遺骨が横たわっていた。紫色の薄手の衣を羽織り、白樺の樹皮でつくられた帽子をかぶり、晩餐のための食器類や日常品が副葬品として供えられてあった。

「ホッホドルフの王子」が見つかった墓室（レプリカ）

その長イスには、両腕を上げた魅惑的な踊り子の小像をあしらった八つの脚輪が取りつけられてある。ほかにも四輪の車両、ミード（蜂蜜酒）を貯蔵していた青銅の大釜（容量五〇〇リットル）なども見つかった。明らかに権威を誇っていた初期ケルトの首長である。現地のケルト博物館に墓室がレプリカで再現されており、少し東のほうに復元された墳墓がある。出土品はシュトゥットガルトのヴェルテンベルク州立博物館に展示されている。

［アクセス］シュトゥットガルト中央駅前からSバーン（市電）でフォイエルバッハ（Feuerbach）へ、そこでバスに乗り換えてホッホドルフ村へ。

グラウベルク

ドイツの「空の玄関」として知られる金融都市フランクフルト・アム・マインの中央駅から近郊列車に揺られて約一時間、なんとものどかな田園地帯にある無人のグラウブルク－グラウベルク(Glauburg-Glauberg)駅に到着した。フランクフルトから北東へ三二キロ離れたヘッセン州の片田舎。この日は雲一つない快晴だった。八月初旬の陽射しは強烈で、地表温度は優に三五度はあるだろう。駅の東側にひろがる、可愛い家屋が建ち並ぶグラウベルク村(自治体)に足を向けると、緑に包まれた丘が前方に見えてきた。目的地のグラウベルク高原(標高二七一メートル)である。村を通りすぎ、緩やかな斜面になっている麦畑のなかをひたすら歩く。

独特な〈オーラ〉を放つ「ケルトの王子」

「KELTENWELT AM GLAUBERG(グラウベルクのケルト世界)」と書かれた標識を目にするや、一気にテンションが上がって足早になり、あっという間に「ケルト世界」の入り口にたどり着いた。駅からだと南東約一キロに位置しており、眼下のグラウベルク村がまるで模型のように望める。

ここは丘の南西端。目の前に直方体

のケルト博物館があった。南側が全面ガラス張りになっているレンガ色の超近代的な建物。博物館の前の斜面にこんもりとした墳墓が円形のくぼ地のなかにあった。直径が約五〇メートル、高さが約六メートル。その手前に一〇本の木柱が地面に突き刺さっている。さらに墳墓から南東方向へ幅一〇メートルの溝が伸びている。なんとも奇妙な、それでいて理屈抜きに惹きつけられる情景である。

この墳墓のすぐ近くで、赤っぽい砂岩でできた等身大の人物像が発見された。一九九六年六月のこと。四体見つかり、そのうちの一体が「ケルトの王子(Keltischer Prinz)」として博物館の目玉展示になっている。じつはこの像と対面するために、ここにやって来たのである。目にした瞬間、巨大なミッキーマウスだと思った。なぜなら、ネズミの耳のような大きな突起のあるフード(帽子)を被っていたからである。

近寄って観察すると、思いのほか赤みがきわ立っており、独特な〈オーラ〉を放っている。高さ(身長)が一・八六メートルと長身で、重さが二三〇キロもある。両脚が太く筋肉質とあって、プロレスラーの体形とそっくり。両足が欠損しているだけで、ほかは完ぺきに保存されている。

この立像は紀元前五〇〇年ごろにつくられたという。頭のフードは、ケルト人にとって神聖なヤドリギの葉に似せた「葉の冠」らしい。口ヒゲがあり、両目が大きくてほぼ真ん丸。見ようによれば、ひょうきんな表情で、マンガの主人公のようだ。ケルト人が造形する人物の顔はこの手のタイプが結構、多い。

上半身が甲冑に包まれ、右手で小振りの盾をぶら下げている。こんな小さな盾で防御できるのかと首を傾げてしまう。三つのペンダントを吊り下げたトルク(首環)が妙に存在感を放っている。「王子」と称されているが、どう見ても戦士である。

前述した、墳墓から伸びる溝は当時、長さが三五〇メートルもあり、一六本の木柱の跡があったそうだ。それらがどのように使われたのかは不明だが、死後の世界か、あるいは天文学的なことと関連していたのではないかと考えられている。

この墳墓には二人の人物も埋葬されていた。一人は二〇歳～二八歳、もう一人は三〇歳～四〇歳。ともに身長が一六九センチ。さらに南へ二五〇メートル離れた小さな墳墓から一六歳～二〇歳の遺骨が発見された。三人とも黄金のトルク、青銅の水差し、刀剣、弓などの武器が供えられており、明らかに権力をもった高貴な人物である。三人がどんな関係なのか、だれが一番偉かったのかはよくわかっていないが、この地を治めた首長の家族である可能性が高い。「ケルトの王子」を含めた四体の立石人物像は、埋葬された三人を守るためのシンボル的な存在なのかもしれない。

この地に人が定住しはじめたのは紀元前四五〇〇年ごろの新石器時代から。北西にニッダー川が流れ、泉が数か所湧き出ている肥沃な土地なので、定住地としてうってつけだった。ハルシュタット末期の紀元前六世紀から徐々に要塞化され、ラ・テーヌ期はじめの紀元前五世紀に隆盛をきわめた。

理由は不明だが、なんどか定住地が放棄されたあと、オッピドゥムとして機能した。長さ約六五〇メートル、幅約五〇〇メートル、面積は約八ヘクタールと推定されている。防御壁には一部、強固な「ガリア壁」が用いられた。丘の中央部に木造家屋の集落が建てられ、農耕が盛んにおこなわれ、ミード(蜂蜜酒)を醸造していた痕跡も残っている。東側の交易ルートを介して各地から物品が搬送されていた。

定住者はトレウェリ族とみられ、数千人暮らしていたらしい。周囲六キロの範囲内で、三〇〇〇頭の家畜がいたと推定されており、一万五〇〇〇人分の食糧がまかなえたそうだ。

ローマが支配した紀元前一世紀ごろに見捨てられたが、近くにローマの堅牢な要塞が築かれたことで、グラウベルクはローマ軍の拠点にはならなかった。ローマ滅亡後、ゲルマン系フランク王国の要塞がこの地に建造され、一三世紀に神聖ローマ帝国のホーエンシュタウウェン朝の所領となった。その後は歴史の闇のなかに埋没していく。

一九世紀半ばには、この地に古代遺跡が眠っているのがわかっていたが、本格的に調査に乗り出したのは、ヒトラーのナチス党が政権を獲得した一九三三年からで、そのナチスが遺跡の調査に深く関わった。これは政治的にも歴史的にもひじょうに興味深い。

考古学に強い関心を示していた親衛隊(SS)の統括者ハインリヒ・ヒムラー(一九〇〇年~四五年)が、ゲルマン系のドイツ民族が「アーリア人」と呼ばれる卓抜した人種であると信じていたヒトラーを忖度し、グラウベルクこそがその起源を明かす場所であると考えた。そしてSS隊員を発掘調査に当たらせたのである。このときに設立された発掘局が、のちにアーリア人の研究を専門にするナチスの公的機関「アーネンエルベ（Ahnenerbe）」になった。

ヒムラーはグラウベルクが古代のケルト遺跡とはつゆ知らず、「ゲルマン人の先祖の文化的な高さを示す」という大義の下で、ナチスの後押しによって大々的に発掘調査を敢行した。完全に的がはずれていたのだ。第二次世界大戦勃発二年前の一九三七年になると、ヒムラーが軍事と政治の業務に忙殺されたため、調査意欲がとみに低下し、財政的にも厳しくなってきた。

ドイツの敗戦直前、この丘に迫り来るアメリカ軍が、最後の抵抗を試みた第六ＳＳ山岳師団が立てこもる調査ハウスを燃やしたことで貴重な発掘品がことごとく焼失してしまった。かくも穏やかなこの丘が戦場になっていたとは……。一九八五年からヘッセン州考古学局やマインツ大学などによってふたたび調査がはじまり、前述した「ケルトの王子」の石像や高貴な人物の埋葬跡などが次々に発見された。

ケルト博物館で興味深い展示物の数々をじっくり見学し、居住地跡や貯水池のある丘のうえの「考古学公園」を散策してから、博物館の一階にあるカフェで休憩した。ビールで喉を潤しながら、眼下の丸い墳墓とそこから真っすぐ伸びる溝を眺めていると、コマドリらしき野鳥が木柱のてっぺんに舞い降り、羽を休めた。それはまるで「ケルトの王子」にあいさつするために飛来したかのようだった。

オーストリア

デュルンベルク

ドイツ南東部と隣接するオーストリアは「ケルト」との関わりがきわめて深い。なぜなら、ハルシュタット期(前期鉄器時代)の名を与えたハルシュタット(Hallstatt)の村があるからである。

同国のほぼ中央に位置する山岳地帯ザルツカンマーグート(Salzkammergut)は、不朽のミュージカル『サウンド・オブ・ミュージック』の舞台であることもさることながら、古代から岩塩の産地で知られており、ハルシュタットをはじめ、ハル・イン・チロル(Hall in Tyrol)、ハライン(Hallein)、ザルツブルク(Salzburg)など「塩」に由来する地名が点在している。「hal」はケルト語で、「salz」はドイツ語でともに「塩」を意味する。

その中心地がモーツァルトの生誕地として世界的に名をとどろかせているザルツブルク。そこからザルツァハ川の上流に向けて二〇キロほど南下すると、ハラインの町に着く。列車でもバスでも三〇分以内で行ける。古代には塩の運搬、中世以降は製塩業で大いに栄えたが、一九八九年にその灯が消え、現在は観光と農牧業を軸とした静かな田舎町の風情を宿している。人口は二万人弱。

ザルツァハ川左岸に開けた旧市街の少し南側にリフト乗り場がある。四人乗りのゴンドラに揺られてしばらくすると、緑のなかに白っぽい家屋が建ち並ぶ集落が眼下に見えてきた。そこが人口約

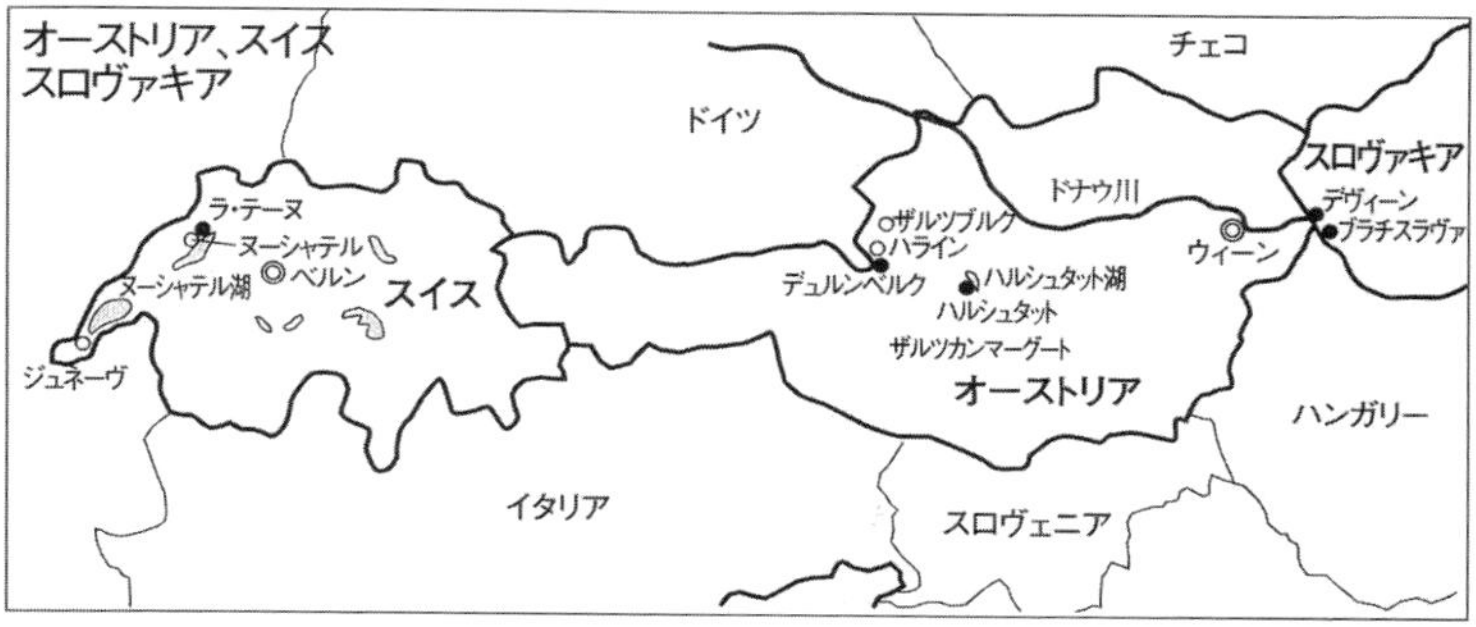

七五〇人のバート・デュルンベルク(Bad Dürrnberg)村である。標高は六五〇メートル。

三方が山に囲まれ、村全体が斜面に立地している。右手のほうに「バルムスタイン(Barmstein)」と呼ばれる大小二つの尖がった岩が緑の山から突き出ており、それが村のランドマークになっている。リフトの終着駅は標高約八〇〇メートル。山のすぐ向こう側がドイツで、ヒトラーの山荘があったベルヒテスガーデンは南西六キロほどのところにある。まさにここは国境の村といえる。

このデュルンベルクには六〇〇〇年前の新石器時代から人が住み着いていたが、歴史の表舞台に登場するのは紀元前六〇〇年ごろから。山腹のあちらこちらで岩塩鉱が見つかり、塩を求めてアルプスの山中や南東部からケルト人部族がぞくぞくと移り住んできたのである。部族名は不明だが、埋葬地跡からタイプの異なった衣服がいろいろ見つかったので、複数の部族が寄り集まっていたようである。ヘルウェティ族(Helvetii)、ノリ族(Nori)……?

紀元前五五〇年から同三〇〇年にかけて、つまりハルシュタット期の末期からラ・テーヌ期のはじめにかけてデュルンベルクは岩塩で経済的な中心地となった。それまで岩塩の一大採掘場だったハルシュタットが大規模な地滑りで荒廃したことにより、ここに移住してくる坑夫も少なくなかった。採掘された塩はハラインからザルツァハ川を介して各地へ運ばれた。

地表から五〇メートルほど下の岩塩坑での作業は換気がなかなか行き届かず、困難をきわめ、そのため空気が澄んでいたであろう冬場におこなわれていた。それ以外の季節は農耕生活でしのいでいたという。坑道がどんどん掘られ、その半分以上がいまのドイツ領におよんでいる。

最盛期にどのくらいの住人がいたのかははっきりわかっていない。集落の真んなかを流れるラムザウ川の周辺が定住地だったが、そこだけでは足らず、切り立った崖のうえの狭い場所にも細長いログハウス様の木造家屋が密集していた。このことから、人口密度はかなり高かったと思われる。

家屋を建てるため、薪に使うため、岩塩の採掘道具にするため、周囲の木々が次々と伐採され、緑が減った。魚を獲っていたラムザウ川も生活排水と汚水でどぶ川と化した。こうした状況で衛生状態は劣悪だったらしく、住人の平均寿命が四〇歳と推定されている。

死者は三カ所に分けて埋葬された。いずれも居住に適さない急こう配の場所に、土と粘土を混ぜ合わせた塚がつくられ、そこに安置された。贅沢な宝飾品を副葬している高貴な人物の墓も見つかっており、そのなかから、「ケルトの至宝」といわれる青銅器のフラゴン型水差しが発掘された。これはザルツブルクのカロリーノ＝アウグステウム博物館に展示されている。

このようにデュルンベルクは繁栄を謳歌していたが、紀元前一〇〇年ごろ、近くで新たに見つか

野外博物館の「ケルト村」。山の峰にそびえ立つ２つの岩が「バルムスタイン」

った岩塩鉱が発展したため衰退がはじまった。紀元前一五年、ローマに征服されると、地中海産の安価な海塩が使われるようになり、岩塩鉱はあえなく閉鎖の憂き目に遭った。ところが中世の一二世紀末からザルツブルクの大司教の手によって一〇〇〇年ぶりに採掘が再開されたのである。

厳密な意味で、デュルンベルクはオッピドゥムとはいえない。三方が山という自然の要塞に守られていたとはいえ、完ぺきに防御機能のある要塞都市とはいえないからである。「塩」を要にした大集落。こう表現するほうがいいかもしれない。

残念ながら、その集落の痕跡は残っていない。しかしバート・デュルンベルク村の下のほうにある「ケルト村」に集落が再現されている。「サリナ(Salina)」というニックネームがつけられ、子ども向けのテーマパークのような雰囲気だが、学術的な考証にもとづいて建造された、れっきとした野外博物館である。

ぼくはリフトの終着駅に着いてから、地底湖や薄暗い坑道を探索する岩塩鉱ツアーに参加し、そのあと牧歌的な風情を楽しみながら、「ケルト村」までぶらぶらと下っていった。そして古代の世界を満喫後、ハラインの町へともどった。このルートはなかなか充実していた。

「ケルト村」は、ハラインにあるケルト博物館と一体化している。デュルンベルクでの発掘品はすべてこの博物館に展示されており、当地の歴史や概略がわかりやすく解説されている。規模といい、豊富な展示点数といい、内容の濃さといい、ヨーロッパで群を抜くケルト関連の博物館だと思う。できればデュルンベルクを訪れる前に見学し、予習しておくほうがいいかもしれない。

満足し切ってケルト博物館を出ようとしたとき、バックパッカーで一人旅を楽しんでいるスコットランド人青年と出会った。彼は英語とともにケルト語の一種スコットランド・ゲール語も話されている西部のアーガイル地方の出身だった。しばしケルト談議で盛り上がり、別れぎわに青年から放たれた言葉がすごく印象的だった。

「『ケルト』を声高にアピールしているスコットランドにもアイルランドにも、ケルト博物館という名称の施設がないんですよ。本家本元はやはりヨーロッパ大陸ですね」

［コラム］「ハルシュタット」

オーストリア中部の山岳地帯ザルツカンマーグーツにある風光明媚なハルシュタット湖の西岸に位置するハルシュタット村。紀元前九世紀ごろから岩塩鉱で栄え、同四世紀に大規模な地滑りによって荒廃したが、岩塩鉱は現在も稼働している。

一八四六年、アマチュア考古学者の岩塩鉱所長が村の後方にそびえる山の中腹で一大墳墓を発見し、その後の調査で約二〇〇〇体の遺体、刀剣、ブローチ、陶器など約二万点にもおよぶ埋葬品が発掘された。それらは前期鉄器時代の紀元前七五〇年～同四五〇年のものだった。そのうち同六五〇年以降については、ケルト人の関与が指摘されている。

風光明媚なハルシュタット村

この時期がハルシュタット期と呼ばれ、ことさら「ケルト」との結びつきが強調されているが、あくまでも一時期にしかすぎない。最近の研究では、ハルシュタット期はすでに紀元前一二〇〇年ごろ(青銅器時代後期)からはじまっていたことがわかってきた。

発掘品は、地元のハルシュタット博物館とウィーンの自然史博物館に展示されている。ハルシュタット村では電動トロッコに乗って廃坑になっている坑道を散策するツアーがあり、岩塩を採掘するケルト人坑夫のジオラマ、巨大な岩塩の結晶、地底湖などを観賞できる。

［アクセス］オーストリア国鉄ハルシュタット駅を下車、すぐそばにある湖の桟橋からボートで対岸のハルシュタット村へ渡る。

［コラム］［ラ・テーヌ］

スイス西部のフランス語圏に属するヌーシャテル湖の北東端にキャンピング・サイトつきの瀟洒な湖畔のリゾート地がある。その地がラ・テーヌ(La Tène)。人口約五〇〇〇人。大学都市と時計で知られる町ヌーシャテル(Neuchâtel)の東約七・二キロに位置する。

一八五七年、湖にそそいでいたティール川(一五〇年前に消失)の河口が異常な水位低下によって川底が露出し、何本もの黒っぽい木の杭が出現。その周囲からおびただしい数の刀剣、ヤリ、盾などの武具や道具類が発見された。それらは紀元前五世紀以降のもので、ハルシュタット期の鉄器とは異なっていたので、地名からラ・テーヌ期(後期鉄器時代)と名づけられた。いわゆるケルト文化の黄金期で、渦巻き文様、組みひも文様、螺旋など抽象性の高い美術様式が花開いた。

ラ・テーヌ遺跡のシンボル、長剣のモニュメント

この地は古代の交通の要衝。今日のスイス全域に定住していたケルト人のヘルウェティィ族の一大居住地だった。出土品に奉納品が数多く見つかったことから、宗教的な聖地ではないかと考えられている。奉納品は川と湖に投げ込まれたものである。ラ・テーヌのシンボルともいえる長剣のモニュメントが入り口に屹立している。遺跡の近くにある考古学博物館ラテニウム(Laténium)に発掘品が展示されている。

[アクセス]ヌーシャテルからバスでラ・テーヌ下車。夏場はヌーシャテル港から遊覧船でラ・テーヌへ行ける。

スロヴァキア

ブラチスラヴァとデヴィーン

旧東ヨーロッパは、ルーマニアを除いてスラヴ人(Slavs)の地である。それはしかし、紀元九世紀ごろからで、チェコ、スロヴァキア、ハンガリー、スロヴェニア、ポーランド(南部)といった西部地域には、古代、ケルト人の諸部族が定住していた。

たとえばボイイ族(Boii)は、紀元前四世紀ごろにガリア東部から北イタリアへ移住し、ローマに敗北後の紀元前一九三年、アルプスを越えてチェコの西部に住み着いた。その地は部族名からボヘ

オッピドゥム跡に建てられたブラチスラヴァ城

ミア(Bohemia)と呼ばれるようになった。このように東欧の古代には「ケルト」が大きく関わっていた。

スロヴァキアには紀元前四世紀、ボイイ族とタウリスキ族(Taurisci)が渡来し、多くの鉄の武器や陶器を生産していた。紀元前二世紀の前半に流入がピークとなり、その後、オッピドゥムが各地に建造された。現在、スロヴァキアで四か所、チェコで一一か所のオッピドゥムが確認されている。

スロヴァキア最大のオッピドゥムが、現在の首都ブラチスラヴァ(Bratislava)につくられた。この地は国の西端に位置しており、オーストリアとの国境までわずか四キロ、ウィーンへは約五五キロ。東西冷戦時はソ連を盟主とする東側陣営の最前線にあった。

南にドナウ川をのぞむ高さ八五メートルの緑

の丘のうえには見事なほどの長方体をしたブラチスラヴァ城がデンと構えている。白亜(以前はベージュ)の壁とオレンジ色の屋根、四階建ての建物の四隅に監視塔が設けられている。地元では、その形状からして、「ひっくり返したテーブル」といわれている。

一七世紀末、ハプスブルク家の支配によるハンガリー王国の時代、ポジョニ(Pozsony)と呼ばれていたブラチスラヴァが首都と選定され、のちにマリア・テレジア(一七一七年〜八〇年)がこの城で戴冠してオーストリア女帝となり、居城にした。一八一一年、城は大火災によって灰燼と化し、一九五三年に往時の姿がよみがえった。

ケルト人が関わるのは紀元前四世紀ごろから。北イタリアからチェコのボヘミアへと移動していたボイイ族の一派がこの地に居着き、同二世紀前半に丘のうえを核として、東側一帯にオッピドゥムを築いた。丘のひろさは約二〇ヘクタール。旧市街の全域がオッピドゥムに該当するので、規模はかなり大きかった。

この地はアルプスと東方のカルパチア山脈とのあいだに位置する交通と交易の要衝であり、眼下を流れるドナウ川は天然の防御施設とあって、戦略的にも最高のロケーションだった。

オッピドゥムの建造後、北方からゲルマン人の攻撃にさらされたが、なんとかもちこたえ、紀元前一世紀前半にボイイ族の第二陣が到達し、大いに栄えた。有能な職人が多くいたとみえ、フィブラ(ブローチ)、陶器、貨幣が多くつくられた。とりわけ硬貨の鋳造技術に優れており、六角形の銀貨や金貨がきわ立っていた。のちにローマ帝国の貨幣も手がけることになる。紀元前七〇年ごろの首長と思われるビアテック(Biatec)の名を刻んだ硬貨が多数見つかっている。

城の近くにある考古学博物館には、それらのコインをはじめ、フィブラ、土器をつくるための窯の一部など貴重な遺物が展示されている。これらを見るかぎり、かなり高度な生活レベルを保っていたのがわかる。

しかし、栄華は長くつづかなかった。紀元前一世紀になると、ルーマニアの先住民といわれる東方のダキア人(Dacică)がカルパチア山脈からトランシルヴェニア山脈を越えてケルト人諸部族の領域へ押し寄せてきた。彼らのリーダーが、国土を統一して、自ら大王と称したブレビスタ。同六〇年前後には、今日のハンガリーとスロヴァキアを支配するようになり、ブラチスラヴァのボイイ族は一部、西方へ移住したものの、多くは居残り、ダキア人と戦った。しかし惨敗した。

敗戦によってすっきりダキア人に領土を乗っ取られると思いきや、ブレビスタが暗殺されたことで、ダキア人の多くが撤退し、居残った者はボイイ族と少しずつ混血していった。そのため明らかにダキア由来の陶器や金属細工品、硬貨がオッピドゥム跡から見つかっている。

紀元前二〇年ごろ、こんどはローマ帝国の軍勢がブラチスラヴァを攻略し、オッピドゥムを破壊した。それに代わって堅牢な辺境防塁(リメス、Limes)を構築した。それがこの丘での最初の石造建造物となった。同一六年には帝国の属州ノリクム(Noricum)に編入された。

オッピドゥムの住人は丘の周囲に居住したが、やがて北方のゲルマン人の脅威に悩まされることになる。ローマ帝国はドナウ川を帝国の北の国境と定めていた。そのため、ブラチスラヴァからド

岩山に張りついているように見えるデヴィーン城址

ナウ川の下流五キロの地点に第一四軍団の基地が置かれ、ゲルマン人ににらみをきかせた。

ブラチスラヴァに来たら、ぜひとも立ち寄ってもらいたいところがある。それはドナウ川の上流(西)約一〇キロにあるデヴィーン(Devín)。ここはブラチスラヴァ市内西端のベッドタウンで、ブラチスラヴァのドナウ川に架かる新橋の下にあるバス・ターミナルからデヴィーン行きのバスが頻繁に運行されている。所要時間は二五分。

バス停のあるひろい駐車場で下車すると、向こうの巨大な岩盤のうえに根を下ろしている廃城が目に飛び込んできた。それがデヴィーン城(Hrad Devín)である。岩山の高さは約八〇メートル。岩全体が城のように見える。下のほうはこんもりとした林に覆われており、岩肌の薄茶色と木々の緑色がなんとも温和な景観をかもし出している。

岩山の山頂には花コウ岩の城址があった。平べったいエリアを通り越すと、「上の城」にたどり着く。そこから眼下に視線を落とした瞬間、わっと声を上げてしまった。滔々と流れる大河ドナウ川に、茶色く濁ったモラヴァ川が右手からそそぎ込んでいたからである。つまり、ここは合流地点。ドナウ川の向こうはオーストリアだ。

この岩山には新石器時代から人が住んでいた。ケルト人が定住したのは紀元前一世紀からで、ボヘミアから流れてきたボイイ族とハンガリー西部にいたエラウィスキ族(Eravisci)ではないかとみられている。しかしオッピドゥムの実体がまだはっきりわかっていない。デヴィーンの岩山はオッピドゥムにしてはあまりにも狭く、果たしてオッピドゥムの体をなしていたのかどうかは疑問の余地があるものの、一大定住地であったのはまちがいない。

ログハウスのような長方形の木造住居と工房が建てられた。鉄製のスキ、青銅の短剣、矢ジリ、砥石、ペンダント、首飾り、コインなどが出土しており、なかでも土器づくりと羊毛を使った機織りが盛んだった。さらにバルト海の琥珀を地中海沿岸に運ぶ交易ルートにもなっていた。

紀元一世紀半ば、北方からゲルマン人に攻略されたが、その後、ローマ軍がゲルマン人を蹴散らして岩山に監視塔を建て、ローマ帝国の前線基地にした。そのローマ帝国がゲルマン民族の大移動によって撤退を余儀なくされ、七世紀~八世紀にスラヴ人が丘に定住した。九世紀には大モラヴィア王国の城が築かれ、ハンガリー王国支配下の一三世紀になって、現存している城の建造がはじまった。

一八〇九年、ヨーロッパ制覇をもくろむフランス皇帝ナポレオン・ボナパルト（一七六九年〜一八二一年）の軍勢がこの城を爆破し、城の役割を終えた。その後、長らく放置されていたが、第二次世界大戦後の東西冷戦期には、まさに「鉄のカーテン」に接していたので、武装を施された堅牢な要塞が建造され、立ち入り禁止になっていた。

旧東ヨーロッパでは、ハンガリーのブダペスト（Budapest）とセルビアのベオグラード（Beograd）もブラチスラヴァと同様、古代のオッピドゥムにルーツをもつ首都である。いずれもドナウ川沿いに開けた街だ。「ヨーロッパの母なる大河」と呼ばれるドナウ川がいかにケルト人と深い関わりがあったのかがうかがわれる。

ルクセンブルク

ティテルベルク

ヨーロッパの中心に位置する立憲民主国家のルクセンブルク。正式名はルクセンブルク大公国（ルクセンブルク語でGroussherzogtum Lëtzebuerg）といい、沖縄県とほぼおなじひろさの国土に約六〇万人が暮らしている。昨今、人口増加が著しい。ユーロ圏を代表する国際金融センターとして知られ、フランス語、ドイツ語、英語など各国の言葉が飛び交い、いろんな人種・民族の人が行き

交うコスモポリタンな国である。

ルクセンブルク国鉄の中央駅から西方のロングゥイ（Longwy）方面行きの電車で約二五分、ロダンジュ（Rodange）駅で下車し、左手（南側）に伸びるガール通り（Avenue de la Gare）を歩いていくと、緑の森に覆われた高さ約一〇〇メートルの丘が前方に見えてくる。それがティテルベルク（Titelberg）のオッピドゥムである。ルクセンブルク語ではテテルビエッシュ（Tëtelbierg）という。

ルクセンブルク市の中心地から西南西へ約二〇キロの地点で、国の南西端に当たる。北側がベルギー、南側がフランスという国境に近いエリア。すぐそばをロワール川支流のシエール川が流れている。道案内表示に従って山道を登っていくと、駅から三〇分ほどでオッピドゥムの南東の入り口に達することができる。ところがぼくは途中、道をまちがって延々一時間ほど歩く羽目になってしまったが……。

その入り口を越えると、ゆるく傾斜になった平地がひろがっていた。丘のふもとまで含めた面積が約五〇ヘクタールで、甲子園球場の一二倍もある。平地は楕円形をしており、長さが一キロ、幅

林のなかに点在する古代の住居跡

が最大五〇〇メートル。かつて家屋が建ち並んでいたであろう敷地が一面、麦畑になっていた。向こうからクワを手にした男性が歩いてきた。農作業を終えての帰りみたい。「ボンジュール、ここがオッピドゥム？」と片言のフランス語であいさつがてらに訊くと、「ウイ（そうだよ）」と笑みで返してくれた。

古代、この地は東西の交易の十字路だった。南の地中海世界からモーゼル川渓谷へとつうじる南北の街道と、西はシャンパーニュ地方の中心地ランスからライン川沿いにいたる東西の街道の交差点になっていた。さらにこの地域は鉄鉱石の埋蔵地で、その鉱床が丘の中腹にもあった。いや、現在でも採掘されており、オッピドゥムをめざして歩いていたとき、稼働中の採掘場を見かけた。

このようにティテルベルクは生活空間として

最適の立地とあって、ハルシュタット期の紀元前六世紀から人が住みはじめ、ラ・テーヌ期に入った紀元前三〇〇年ごろから、「ドイツ」の〈オッツェンハウゼン〉の章でふれたトレウェリ族(Treveri)がどっと押し寄せてきた。彼らは、西はモーゼル川、東はライン川のあいだの地域に住み着き、各地にオッピドゥムを建造していたが、それらのなかで最大規模を誇ったティテルベルクがいつしか主邑の地位を得たようである。

オッピドゥムは紀元前一世紀に全盛期を迎えた。交易と商業のほかに、鉄、銀、青銅を使った硬貨の鋳造が大々的におこなわれた。トレウェリ族のコインだけでなく、他部族の硬貨も鋳造しており、それらを合わせ一〇〇〇枚以上が発見された。言うなれば、ティテルベルク周辺に暮らすケルト諸部族の一大硬貨鋳造所だったといえるかもしれない。

紀元前五八年以降、ユリウス・カエサルによってローマの支配下に置かれ、ガロ=ローマ期に入ったが、それでもティテルベルクは依然、繁栄を謳歌していた。しかし三〇年ほど経ってからオッピドゥムの周りを取り囲んでいた「ガリア壁」(高さ約九メートル)が撤去され、長方形の木造家屋が地下室のあるローマ風の石づくりの家屋に変えられ、ガラスや陶器の工房がつくられた。つまりローマ風の街に変貌したのである。

しばらくこの状態で都市機能を保っていたのだが、やがてローマはトレウェリ族の新しい都として、この地から東北東へ五八キロ離れたアウグスタ・トレウェロルム(現在、ドイツのトリアー)を建造した。このとき家屋が取りつぶされ、多くの住人が移住していくなかで、硬貨鋳造の職人とその家族がティテルベルクに居残り、ゲルマン系フランク族(Franci)に襲撃される紀元三三七年まで引きつづき精錬や金属加工がおこなわれていた。このとき防御壁がなかったので、いとも簡単に攻略されたにちがいない。

オッピドゥムの跡はなにも残っていないと思っていたら、林のようになっている右手(北側)のくぼ地に住居、井戸、会堂などの跡があった。多くは石づくりで、ローマに支配されてからのものだが、それ以前の木造家屋の一部も再現されていた。住居エリアが三〇ヘクタールもあったというから、かなりの人口を抱えていたはず。しかしその数がわかっていない。

説明板にはオッピドゥムの中央を貫く大通りの両側に家屋がびっしり密集して建っている図が記されていた。周囲に墳墓が点在しているが、今回は時間的に確認することができなかった。

平地の北西側で発掘調査がおこなわれていた。一九世紀半ばから発掘がはじまり、一九五〇年代に大々的に調査が敢行された。その後、全容を解明すべくルクセンブルクの国立歴史・美術博物館とアメリカのミズーリー大学考古学チームが連携し、地道に発掘がつづけられている。数棟ある小屋の一つにノックしたが、だれもいなかった。ティテルベルクをはじめルクセンブルク全土のケルト関連の出土品は、ルクセンブルク市の市街地にある国立歴史・美術博物館に展示されている。

オッピドゥムの真んなかでたたずんでいると、雨がポツリ、ポツリと降ってきた。真夏というのに急に肌寒くなり、あっという間に平地全体が靄った。なんとも幻想的な情景。しかし雨足が強まってきたので、風情に浸っているヒマはない。あわてて丘を駆けおりると、あにはからんや雨がピタリと止み、陽光が降りそそいできた。

「ケルト」とルクセンブルク。これまでまったく関連性を見出せなかったのに、これほど濃密な関わりがあるとは……。駅前のカフェで、ルクセンブルク産の美味なビール「ボファーディング(Bofferding)」のグラスをティテルベルクの丘に向けてかざし、「ここにやって来れて、ほんまによかった!」と満足感を抱きつつ飲み干した。

ベルギー

トンゲレン

「ケルト」を語る場合、ベルギーは微妙な立ち位置にある。古代、ガリアの北東部に当たり、東方を流れるライン川の向こうはゲルマン人の地だった。そこにはベルガエ人(Belgae)と呼ばれる諸部族が定住し、彼らの領土ベルガエが今日のベルギーの国名になった。このベルガエ人がなんとも曖昧模糊としているのである。

ローマのユリウス・カエサルは「もともとはゲルマン人で、ライン川を渡って、土着のガリア人を追い出した」と説明している。とにかく言語が不明というのがやっかいである。生活スタイルがかぎりなくケルト人に近いので、両者の混血かもしれないし、ケルト化したゲルマン人かもしれない。ヨーロッパ古代史の史料に当たると、「一部ガリア人と一部ゲルマン人の諸部族」、あるいは

「ケルト＝ゲルマン系部族」と表現されている場合が多い。うーん、よけいにこんがらがってしまう。

そのベルガエ人の一派エブロネス族（Ebrones）の主邑が現在のトンゲレン（Tongeren）である。ベルギー東部、オランダとの国境に近い人口約三万人の地方都市だが、リンブルフ（Limburg）州の州都に指定されている。古代、この地はアトゥアトゥカ（Atuatuca）と呼ばれていた。典型的なオッピドゥムとはいえないので、本書に加えるべきではないのだが、古代ケルトを語るうえで避けて通れない出来事が起きた場所なので、あえて言及することにした。

ぼくは東部、ワロン地方の中心都市リエージュ（Liège）から電車でトンゲレンに向かった。二五分ほど揺られて到着したその町はこぢんまりとした、落ち着いたたたずまいだった。

街中には、長い口ヒゲの人頭をあしらったブルーの「町の旗」があちこちに翻っていた。その人物がエブロネス族の族長、アンビオリクス（Ambiorix）である。族長はしばしば王と呼称される。アンビオリクスの出自がまったくわかっていないのがもどかしい。

「大市場（Grote Markt）」という名の広場には、赤っぽいドルメン（支石墓）のうえにアンビオリクスの立像が東をにらんで勇ましく屹立していた。一八三〇年、ベルギーがネーデルラント連合王国（現在のベネルクス三国）から独立した際、ヒーローに担ぎ出され、一八六六年にこの像が設立された。どうしてヒーローなのか。それは強大なローマに抵抗し、一時的にせよ、独立を勝ち得たからである。

ローマに徹底抗戦したアンビオリクスの立像

カエサルによるガリア戦争の五年目となった紀元前五四年、イギリス本島（ブリタニア）への遠征から帰還したガリア総督のカエサルは総督代理をガリア各地に派遣し、反抗の動きがないかどうか監視を強めていた。エブロネス族の領土には、クイントゥス・サビヌスとルキウス・アウルンクレイウス・コッタという二人が任じられた。

エブロネス族は弱小部族とあって、ローマ軍に食糧や木材を運び入れ、恭順の態度を示していたのだが、その年の冬、アンビオリクスがもう一人の族長カタウウォルクス（Catuvolcus）に加勢を求め、冬営していたローマ第一四軍団にいきなり奇襲をかけた。しかし守りが固く、失敗した。

このアンビオリクス、なかなかしたたかな男で、二人のローマ総督代理に使者を送り、こんなメッセージを伝えた。

「今回の攻撃は部族内のはみだし分子とほかの部族にけしかけられたもので、私たちエブロネス族はローマの友です。近々、ゲルマン人が大きな攻撃を仕かけてくるらしい。一刻も早く、この地から避難し、近くに駐屯している軍団と合流するほうがいいでしょう。私たちの領土を安全に通過できるように約束します」ともちかけた。もちろん嘘八百である。

それを鵜呑みにし、夜明けとともに狭い谷を行軍してきたローマ軍を、森で待ち伏せしていたアンビオリクスの軍勢が両側から襲いかかり、全滅させた。アンビオリクスに降伏しに来たサビヌスは殺され、コッタも戦死し、ガリア戦争で負けなしのローマがはじめて惨敗を喫した。ガリア側からすれば、ローマを打ち破ったはじめての戦。それも一つの軍団を壊滅させたのだから文句なしの完勝である！

アンビオリクスは勢いに乗じ、西方に陣取っていたクインティウス・キケロ指揮下のローマ軍団を襲撃すべく、おなじ手口で騙そうとした。ところがキケロは動じず、ひたすらカエサルの援軍を待ちつづけた。

翌年（紀元前五三年）、この地に駆けつけたカエサルはキケロの軍団を救出するや、エブロネス族を抹殺し、集落を焼き払った。カエサルの報復は容赦なしである。高齢のカタウウォルクスはアンビオリクスを呪いながら自殺し、アンビオリクスのほうはアルデンヌの森からライン川を越えてゲルマン人の地へ逃亡した。その後は行方知れず……。

しかし、ローマに反旗を翻したアンビオリクスの名はガリア全土にひろまり、ローマの圧力に屈していたガリア人を勇気づけた。そして翌年、ガリア中部でアルウェルニ族（Arverni）の若き族長ウェルキンゲトリクス（Vercingétorix）がガリア連合軍を組織し、カエサルの精鋭部隊と激突することになる。この出来事については、〈フランス〉の「アレシア」の章で詳しくふれる。

やがて帝政になったローマは紀元前一〇年、廃墟と化していたアトゥアトゥカの集落に東方からゲルマン人のトゥングリ族(Tungri)を住まわせ、アトゥアトゥカ・トゥングロルム(Atuatuca Tungrorum)というローマ風の名前をつけた。意味は「トゥングリ族のアトゥアトゥカ」。つまりエブロネス族の痕跡をこの世から完ぺきに消し去ったのである。今日のトンゲレンの名はここから来ている。

前述したブルーの「町の旗」には、「ベルギー最古の町」と表記されている。というのは、ローマ帝国が属州ガリア・ベルギカ(Gallia Belgica)にはじめてつくった町だからである。トングレンの西方にローマ時代の外壁が残っている。その後、ローマの町として隆盛を誇ったが、すでに紀元一六五年からゲルマン人の侵入が度重なり、五世紀になると、弱体化したローマ軍が撤退し、四八二年、ゲルマン人の覇者となったフランク王国の支配下に置かれた。

町のほぼ中央にあるガロ=ローマ博物館には、エブロネス族に関する遺物やアンビオリクスをはじめ古代からローマ支配期にかけての主要人物や歴史遺産が数多く展示されている。規模が大きく、内容も充実しており、見学するのにたっぷり三時間はかかる。

ぼくは気になっていたことを学芸員に訊いた。

「アンビオリクスはゲルマン人ではなく、ケルト人なんですか?」

すると、こんな答えが返ってきた。

「はっきりしていることはベルガエ人だったことです」

そのベルガエ人がよくわからない……。でも、よくよく考えると、名前の最後に「リクス(rix)」とつくのは典型的なケルト系のネーミング。ならば、アンビオリクスは「ケルト」の英雄と考えるほうがしっくりくる。

II

フランス

アレシア

ブルゴーニュの穏やかな平原にこんもりと盛り上がった丘がある。そのうえに屹立している巨大な青銅の立像は、立派な口ヒゲをたくわえ、長剣を足元に据え、鋭い眼光で遠方をキッと見つめる若い戦士。見るからに、勇壮さが伝わってくる。高さは約七メートル、円柱の台座を入れると、一五メートルほどになる。この地域は世界的に知られるブルゴーニュ・ワインの産地とあって、周囲はブドウ畑が累々とひろがっており、西方にはフランス鉄道公社(SNCF)のローム=アレシア(Laumes - Alésia)駅がはっきりとのぞめる。

ここはフランスの中東部、コート=ドール

県の県庁所在地ディジョン(Dijon)から北西へ約五〇キロ、アリーズ＝サント＝レーヌ(Alise-Sainte-Reine)村にあるオクソワ(Auxois)山。一般にはアレシアの丘(Colline de Alisia)と呼ばれている。標高が四〇七メートル。大きな皿を伏せたような形からして、山というより、丘というほうがふさわしい。丘のうえはゆるやかな傾斜になっている歪んだひし形の平地で、総面積が約一〇〇ヘクタールもある。

北にオーズ川、南にオーズラン川、西にブレンヌ川の三つの河川が丘の周囲に流れており、防御的に最適地なので、紀元前四〇〇〇年ごろの新石器時代からすでに人が定住していた。紀元前三世紀ごろ、ケルト系ガリア人のアエドゥイ族(Aedui)が住み着き、少しずつオッピドゥムへと拡張させていった。この地がしかし、歴史上、有名になったのはガリアと共和政ローマとの「天下分け目の戦い」がおこなわれた古戦場だからである。

勢力を増してきたローマは紀元前一二五年、フランス南部に属州ガリア・ナルボネンシス(Gallia Narbōnēnsis)を築いたものの、その北方に定住しているガリア諸部族の脅威を常に受けていた。そこで同一二〇年、ガリア平定に乗り出し、次々と諸部族を制圧、ガリアの内陸部にまで進軍してきた。こうした事態におちいったのは、ガリアの各部族が一丸となってスクラムを組もうとせず、独自に手ごわいローマ軍に挑み、しかも部族間抗争も重なり、ローマにつけ入るスキを与えたからだといわれている。

ガリア征服の最後のトドメを刺したのがユリウス・カエサルだった。紀元前五八年からガリア遠

アレシアの丘に屹立するウェルキンゲトリクスの立像

征をはじめ、四年後にはほぼガリア全域を支配下に置いた。ところが、前述したように同五四年、今日のベルギーを拠点にしていたエブロネス族の首長アンビオリクスとカタウウォルクスによる大規模な反乱を鎮圧するも、それに刺激され、ガリア各地で反ローマの動きがにわかに盛り上がってきた。

そのときリーダーに立ったのが、ガリア中部で勢力を誇っていたアルウェルニ族の貴族の御曹司ウェルキンゲトリクスだった。二〇代半ばで首長に選ばれたこの青年は「民族の自由のために闘う！」を旗頭にし、各部族をまとめてガリア連合軍を結成した。これまでてんでバラバラに戦ってきたのを統括したのだから、画期的なことだった。そして自ら総大将となり、紀元前五二年三月、カエサルの軍勢に挑みかかったのである。

一時は、ウェルキンゲトリクスの故郷、アルウェルニ族の主邑ゲルゴヴィア(Gergovie、現在のクレルモン＝フェラン近郊)でローマ軍を退けたが、その後、ローマ軍とゲルマン人傭兵に逆襲され、体勢を立て直すために避難先へと向かった。それがアレシアのオッピドゥムだった。

同年の八月、三〇日分の食糧を抱え、八万人の軍勢を有するガリア連合軍がそこに立てこもった。非戦闘員の住人に貴重な食糧を分け与えることができないため、彼らをオッピドゥムの丘から退去させたところ、ローマ軍に拿捕され、皆殺しにされたという。

六万の精鋭を率いるカエサルは一気に総攻撃をかけることをせず、兵糧攻めの作戦を取った。まずは丘の周り約一四キロにわたって見張り台を有する木製の防御壁を建造、さらにガリア各地から援軍が来るのを想定し、その外側に新たに総延長が二二・五キロにも達する防御壁を築いた。

こうした攻撃と防御の双方を備えたシステムをわずか一か月ほどで完成させ、丘を包囲する二つの壁のあいだにローマ軍が陣取った。カエサルの本陣は丘の南西部、今日のアリーズ＝サント＝レーヌ村の下辺りに置かれたという。

やがて総勢二五万人にもおよぶガリア諸部族で組織された援軍がやって来た。単純計算すると、六万のローマ軍に対し、ざっと五倍以上の三三万のガリア軍。数のうえでは明らかに勝てるはずだったのに、そうはいかなかった。なにせガリア軍は寄せ集めゆえ、指揮系統が乱れに乱れた。各部族が独自に闘いをはじめ、冷静沈着なローマ軍に相次いで蹴散らされていった。

開戦からわずか三日目で勝敗が決まった。敗戦を悟ったウェルキンゲトリクスは部下の命と引き換えに、白馬にまたがってカエサルの前に出向き、潔く降伏した。この時点でガリアの命運が定まった。翌年にはガリア全土がローマ軍の手に落ち、属州となった。捕虜になった若きリーダーはローマに連行され、六年間、地下牢で鎖につながれて幽閉されたのちに絞殺された。

アレシアのオッピドゥムは破壊されるどころか、ローマ支配のガロ＝ローマ期になり、ローマ化したアエドゥイ族の要塞都市として発展した。丘の真んなかよりやや北側に、五〇〇〇人収容の半円形野外劇場、寺院、フォラム（広場）、バジリカ（住民の聖堂）、住居、工房などの遺構が残っている。

いずれもそれ以前のガリア人の集落とはうって変わり、石灰岩でつくられた近代的な都市そのものである。ローマに支配されるまでの遺構が少ないのは、徹底した都市開発によるものと思われる。このオッピドゥムには中世初期まで一般住人が暮らしていたという。

一八六一年〜六五年、フランス皇帝ナポレオン三世（一八〇八年〜七三年）によって本格的に調査がおこなわれ、古戦場であることが浮き彫りになった。そして調査の成功を記念し、冒頭でふれたウェルキンゲトリクスの像が丘の一番西端に建てられた。敗戦の将とはいえ、まぎれもなく「ガリアのヒーロー」であり、「抵抗のシンボル」と見なされた。ガリア軍総大将の視線はローマとは真逆、首都パリのある北西の方角を向いている。現在、丘のうえは円形の博物館を含むアレシア博物館公園になっており、散策するには最適である。

ぼくは立像の下で長らくたたずみ、想像力をめいっぱい働かせ、古《いにしえ》の戦の情景を脳裏に描いていた。ウェルキンゲトリクスとはどんな人物だったのだろうか。カエサルにどんな表情で降伏を伝えたのだろうか……。あれこれと考えているうち、妙に感傷的な気分に浸ってしまった。

【コラム】「ラソワ山と『ヴィクスの貴婦人』」

パリの南東約二〇〇キロ、セーヌ川の上流に位置するブルゴーニュ地方のコート＝ドール県シャティヨン＝シュル＝セーヌ(Chatillon-sur-Seine)の町から北西約六キロに標高三〇六メートルのラソワ山(Mont Lassois)がある。一九五三年、その南側から初期ケルトの手つかずの墓室(三メートル四方)が見つかった。

初期ケルトの遺物が数多く出土したラソワ山

四輪の棺車に横たわる三五歳前後の女性の遺骨は、宝石や琥珀で美しく飾られており、なかでも重さが四八〇グラムもある金のトルク(首環)がきわ立っている。高さ一・六四メートル、重さ二〇八・六キロ、容量一一〇〇リットルの巨大な青銅製のワイン混酒器(クラテール)も置かれてあった。イタリア南部のギリシア植民都市マグナ・グラエキアで製造されたらしい。高貴なその女性は「ヴィクスの貴婦人(Dome de Vix)」と呼ばれている。

ラソワ山には紀元前五五〇年ごろからケルト系部族(名前は不

明)が城砦を築き、南側一帯に五つの墳墓をつくった。「ヴィクスの貴婦人」の墓はその一つ。地中海世界との交易が盛んだったが、ラ・テーヌ期がはじまる紀元前四五〇年に見捨てられた。シャティヨン考古学博物館に貴婦人のデスマスクと共に遺品のすべてが展示されている。

[アクセス]シャティヨン＝シュル＝セーヌへはディジョンから鉄道でモンバール(Montbard)へ向かい、そこからバスで四五分。ラソワ山へはシャティヨン＝シュル＝セーヌからタクシーを利用。

ビブラクト

ヨーロッパ大陸には「ケルト」の冠を抱いた博物館が思いのほか多い。そのなかでも、とびきり充実しているのが、前述したオーストリア・ハラインのケルト博物館とフランスのソーヌ＝エ＝ロワール県にあるビブラクト・ケルト文明博物館である。後者は標高八二一メートルのブヴレ山(Mont Beuvray)の頂上近くに建てられている。

アレシアの丘からだと、南西へ約一〇〇キロ。ブルゴーニュのほぼ中央に位置するモルヴァン山地の南端にそびえており、うっそうとしたブナ林がひろがっているモルヴァン地方自然公園のなかにある。不便な地なので、東約二五キロのオータン(Autun)からタクシーに乗ってやって来た。

一九九七年にオープンしたこの博物館はおびただしい点数の展示を生かしてケルト世界を総括しており、ひととおり見物すると、「ケルト」とはなにかがわかるようになっている。とりわけ二〇一一年に新設されたオッピドゥムに関する展示コーナーが見ごたえある。こんな山中にどうしてケルト文明博物館が建造されたのか。それは山頂に大規模なオッピドゥムがあったからである。

博物館を出て一〇分ほど山道を登って行くと山頂にたどり着き、これぞ「ガリア壁」という高さ五メートルの強固な防御壁が目の前にズシリと居座っていた。幅も五メートルほどある。これが外壁で、五キロにわたって築かれていた。さらに歩を進めたところに内壁の門があり、ここから先がオッピドゥムの敷地となる。

紀元前二世紀末に建造されたオッピドゥムは、ガリアで一番有力なアエドゥイ族の主邑だった。面積は約一三五ヘクタール。人口が五〇〇〇人〜一万人と推定されている。ケルト文明博物館で見たオッピドゥムの想像イラスト画には、平らになった山頂の真んなかにメインストリートが敷かれ、その両側に土と木でつくられた家屋がズラリと建ち並んでいる情景が描かれていた。二〇〇〇年以上前の古代の街とはとても思えないほど都市整備が施されている。ローマ風の大きな豪邸もあった。

当時ビブラクトではなく、ビブラクテ(綴りはおなじ)と呼ばれていた。アエドゥイ族の領土には、セーヌ川、その支流のヨンヌ川、ロワール川、ソーヌ川とローヌ川の上流域があり、その中心にビブラクテがあった。水運によって物資が運ばれていた時代なので、このオッピドゥムは地中海、大西洋、イギリス海峡を結ぶ交易の拠点だった。しかも山の頂という立地が防御的にも適していた。とくにイタリアで産出されたワインを数多く輸入しており、ケルト世界とローマ世界の大きな接点だったという。

オッピドゥムの入り口に復元された「ガリア壁」。見るからに頑丈そう

ビブラクテは歴史的にも重要な役割をもっていた。紀元前五八年、ガリア遠征をはじめたローマのカエサルがビブラクテの近くで東方のスイス方面から移住してきたケルト人の一派ヘルウェティイ族に一撃を加え、スイスへ追い返した。同五二年、そのカエサルに対し、ウェルキンゲトリクスが「ガリア連合軍の総大将になる」と宣言した場所もここだった。

アエドゥイ族はローマと盟約を結び、カエサルから「ローマの友人であり、兄弟」と全幅の信頼を得ていたのに、ウェルキンゲトリクスが蜂起すると、あっさりローマを裏切り、ガリア連合軍に加担した。

常識的に考えれば、彼らの主邑ビブラクテはカエサルの手で徹底的に破壊されるはずだったのに、カエサルは戦略的に重要な場所と認識したのか、そのままの状態を保ち、ローマ軍を駐屯させた。そしてこの地で、『ガリア戦記』を口述筆記で書き上げたといわれている。紀元前五二年から翌年にかけての越冬期だった。

交易で栄えていたビブラクテは、部族の有力者のなかから選出されるウェルゴブレット(Vergobret＝政務長官)によって統治されていた。この役職に就いているあいだ、アエドゥイ族の領土から離れることが許されず、特定の家族に権力が集中しないよう監視の目を光らせていたという。

カエサルの養子で、初代ローマ皇帝になったアウグストゥス(紀元前六三年〜紀元一四年)が紀元前一五年ごろ、近郊の平地にアウグゥストドヌム(Augustodunum＝アウグストゥスの要塞)と名づけた新しいローマ風の街を建造し、ビブラクテの住民をそこに強制移住させた。その街が今日のオータンである。その後、アエドゥイ族の支配層からローマの元老院議員が選ばれるようになった。見捨てられたビブラクテは衰退の一途をたどったものの、キリスト教が普及してからは、修道院が建てられ、一時期、信仰の場になったようだ。しかし中世の半ばには完全に放棄され、深い森に覆われてしまった。

「ルボーの門」と呼ばれる内壁のゲートから、ブナ林を通り抜け、さぞかし賑わっていたであろう古代の大通りを歩いていった。ひろい空間に出くわし、しばらくすると、ピンク色の花コウ岩でできた舟形の貯水槽があった。紀元前一世紀半ばになにかしらの記念につくられたものを忠実に復元している。形体からして、地中海世界の造形物だという。

水を供給するための泉がいくつもあった。金属の鋳造所も発掘されており、金、銀、スズを加工する職人や鍛冶職人が働いていた足跡も明らかになっている。ひろさが一・五ヘクタールもある埋葬地は博物館の駐車場の下で見つかり、遺体の火葬場はその南側にあった。

この地に古代の街があったことは一六世紀ごろに知られていたが、ナポレオン三世統治下の一八六五年から本格的に考古学調査のメスが入れられ、ガリア人によるケルト文化の一大拠点であったことが明らかにされた。いまでも山頂の各地で発掘調査がおこなわれている。

ブヴレ山は緑に覆われた自然の宝庫。野ウサギやリスがぴょんぴょん跳びはねている。山歩きやハイキングを楽しんでいる人が多く、順路から外れ、ブナ林へ入って行くと迷ってしまうほどだ。山上の最南端のテラスからブルゴーニュの平原が一望できた。あゝ、絶景！　天気がよければ、アルプスの秀峰モンブランが見えるという。

ケルト文明博物館と山頂にひろがるオッピドゥムの跡。両者をセットにして、一日かけてゆっくり探訪していただきたい。

【コラム】「女神セクアナ」

全長七七六キロ、フランスで二番目に長い大河、セーヌ川。その水源がブルゴーニュ地方東部、コート＝ドール県の中心地ディジョンの北西約三〇キロのスルス＝セーヌ（Source-Seine）村にある。

村名はまさに「セーヌ川の水源」という意味。標高は四七一メートル。木々に覆われた岩山の洞窟のなかに水が湧き出ている。その水源から流れる小川の幅は三〇センチ~五〇センチ。

一九三三年、泉の底から「セーヌの精」とも呼ばれる女神セクアナ(Sequana)の青銅像が発見された。ガチョウをあしらった小舟のうえに立っている高さ六〇センチほどの像。これはディジョン考古学博物館に展示されている。病を癒やし、健康を維持する女神として崇められ、その名前からセーヌ川の名が生まれた。

セーヌ川の水源に横たわる女神セクアナの像

つまりセーヌ川自体がガリア(ケルト)の女神なのである。頭部、四肢、胴体などの患部や全身を形どった木偶や木片などが数多く発見された。それらは女神への奉納物で、ここが〈聖なる泉〉であることを物語っている。

洞窟のなかに石灰石の白い裸婦像が横たわっている。それは皇帝ナポレオン三世が一八六八年、皇后ヴジェニー・ド・モンティジョをモデルにしてつくったセクアナ像である。あまりにも艶めかしく、目のやり場に困る。

[アクセス]ディジョンかシャティオン=シュル=セーヌからタクシーを利用。

静寂のなかで眠りつづけるオッピドゥムの防御壁

ナージュ

世界的に知られる保養地コート・ダジュールに象徴される風光明媚なビーチがつづく地中海沿岸の南フランス。古代、南ガリア（Gallia Meridionalis）と呼ばれたこの地域には、オッピドゥムが少なからず点在している。そのなかでもラングドック東部のヴォナージュ渓谷の平原は「オッピドゥムの宝庫」として知られている。ローニー川流域の平原を取り囲む高さ一五〇メートル～二〇〇メートルの丘に六つのオッピドゥムがある。

名称を列挙すると――。ロク・ドゥ・ヴュー（Rocque de Viou）、ラ・リキエール（la Liquière）、フォン・ドゥ・クゥクゥ（Font du Coucou）、ロク・ドゥ・ガション（Roc de Gachonne）、モーレシップ（Mauressip）、そしてナージュ（Nages）。ぼくがめざしたのは、一番保存状態が良いといわれているナージュのオッピドゥムである。

そのオッピドゥムはフランス最古のローマの町ニーム(Nimes)の南西約一五キロ、ナージュ＝エ＝ソロルグ(Nages-et-Solorgues)村の北側にそびえる丘(標高一六九メートル)のうえにある。行政区分では、ラングドック―ルシヨン地方のエロー県に属する。

フランス鉄道公社のニーム駅南口にあるバス・ターミナルからスヴィニャルグ(Souvignargues)行きのバスに乗り、四〇分ほど揺られてナージュ＝エ＝ソロルグ村に到着した。いかにも田舎の村といったのどかなたたずまい。真夏の昼下りとあって、通りには人影がなく、ひっそりとしていた。バス停の近くに、一本の大きなマロニエの木が立っている広場があり、そこに設置されたオッピドゥムの説明板の下に遺跡の方向を示す矢印があった。目的地まで約一キロだ。

それに従って細い道を登っていくと、その通り名が「オッピドゥム通り(Rue del Oppidum)」だった。柵を越えたところから木々が生い茂る山道に変わり、一気に駆け上ると、視界がひろがった。林のなかに石灰岩の白い石塁がごろごろ転がっている。そこがオッピドゥムのあったところ。明るいレンガ色の屋根が密集しているナージュ＝エ＝ソロルグ村が下界にのぞめる。

遺跡にはだれもいなかった。野鳥のさえずり以外には物音がなく、不気味なほどの静寂に包まれていた。よくよく見ると、石塁を積み重ねた防御壁がいくつもあることがわかってきた。高さが一メートルから三メートルほどとまちまち。外のほうに出っ張ったところが数か所見受けられるが、それらは見張り台のようである。

外側の壁、内側の壁、そして双方をつなぐ壁や独立した壁があり、結構、複雑な形状を呈している。全部で五つある。一番古いのが紀元前三世紀はじめに建造されたもので、一番新しいのが紀元三世紀のもの。つまり六〇〇年間にわたって防御壁が拡張されてきた。いずれもギリシア風の石壁といわれている。

内側の壁のなかが生活エリア。石の家屋や公共建物、店、工房、貯蔵庫などが建てられていたであろう石塁の残滓が無造作に放置されている。オッピドゥムは南北に約三五〇メートル、東西に約三〇〇メートル。面積が約一〇・五ヘクタールで、オッピドゥムとしては中規模である。人口がよくわかっていない。

この地には紀元前三〇〇〇年ごろの新石器時代から人間が住みはじめていた。オッピドゥムをつくったのがケルト人の一派ウォルカエ族（Volcae）のなかのアレコミキ族（Arecomici）と呼ばれる人たちだった。ローマ人の見聞によると、ドナウ川上流域から南ガリアへ移住してきたウォルカエ族は、東部に住み着いたアレコミキ族と西部に定住したテクトサゲス族（Tectosages）の二グループに分かれていたという。

紀元前一二一年、ウェルカエ族は共和政ローマに征服され、南ガリア一帯がローマの属州ガリア・トランサルピナ（Gallia Transalpina＝アルプスの向こうにあるガリア）に組み込まれ、その後、この属州の名がガリア・ナルボネンシス（Gallia Narbonensis）に変えられた。属州の中心地（都）が今日のナルボンヌ（Narbonne）である。

ローマ支配期でもナージュのオッピドゥムは存続し、三年後、イタリアとイベリア半島を結ぶガリア最古のローマの街道として知られるドミティア街道が近くに敷設されたことから大いに栄えた。その後はしかし、火災に見舞われ、住民のアレコミキ族はローマが建てた新しい町ネマウスム(Nemausum)へ移住し、そこを主邑にした。それが今日のニームである。紀元三世紀に築かれた一番新しい防御壁は、アレコミキ族の一部がこの地に舞いもどり、建造したものと考えられている。

一方、テクトサゲス族は、これまたローマが建造した新しい都市トロサ(Tolosa)を拠点にした。それが現在のトゥールーズ(Toulouse)である。余談だが、彼らがドナウ川上流域から南ガリアへやって来る前、東へ向かったグループがバルカン半島を経て小アジア(今日のトルコ)にたどり着き、ガラティア国を建てた。南フランスと遠く離れた東方のトルコに同胞がそれぞれ居着いたという事実がひじょうに興味深い。このようにケルト系部族の顚末を調べるだけでも知的好奇心が昂ってくる。

ナージュのオッピドゥムは、発見された一九五八年から七四年にかけて調査がおこなわれ、ある程度、修復もなされた。防御壁については復元されているところもあるが、まだ完ぺきとはいえない。ヴォナージュ平原にある六つのオッピドゥムをきちんと再現し、見学ルートを設ければ、「古代ケルトの道」として注目を浴びるかもしれない。

そんなことを考えながら、しばらくオッピドゥムの真んなかでたたずんでいると、数人のハイカーがやって来た。ニームから来た人たちだ。英語を介するリーダー格の中年男性に訊くと、ヴォナージュ渓谷はハイキングの散策道として有名らしい。もちろんオッピドゥムのことをよく知っていた。

「『ケルト』と言えば、アイルランドやスコットランドに目が向きますが、南フランスにはローマ遺跡とともに古代ケルトの遺産がいっぱいあります。このことをもっと多くの人に知ってほしいですね」

たしかにそのとおり。ぼくは納得し、丘を下りて村役場の一階にあるミニ博物館へ足を向けたが、どういうわけか閉館中だった。仕方なくニームに引き返し、街中の考古学博物館に入ると、ナージュのオッピドゥムの展示解説があった。いましがた目に焼き付けてきた情景を思い浮かべながら、目を皿のようにしてそれらに見入った。

アンブルスム

ナージュのオッピドゥムを見学したら、そこから南西約七キロ先にあるアンブルスム(Ambrussum)のオッピドゥムにも足を延ばしていただきたい。アレコミキ族がナージュのオッピドゥムよりも一〇〇年ほど前に建造したものだが、ここは博物館がすごく充実しており、後年のガロ=ローマ期の遺跡を含めてぐるりと丘を一周できるルートが敷設されているからである。

車があれば、ナージュ=エ=ソロルグ村からすぐに行ける。車を利用しないぼくはニームから鉄道(SNCF)でリュネル(Lunel)へ向かい、街中の観光案内所でタクシーを呼んでもらって北北西へ約五キロ離れたアンブルスムの遺跡をめざした。たしかに車がないと不便だが、公共交通機関を使う旅もなかなか風情がある。

この観光案内所では、東京で日本語を学んだ親切なうら若い女性スタッフが流暢な日本語でてきぱきと応対してくれてほんとうに助かった。まさか南フランスの田舎町で日本を愛するフランス人の娘さんがいるとは思わなかった。

オッピドゥムのある丘はヴィドゥール川のすぐ西側にあった。住居表示はエロー県ヴィルテール。博物館を兼ねたビジターセンターで入場料を払い、館内をじっくり見学した。オッピドゥムの成り立ち、それにつづくガロ＝ローマ期の様子がわかりやすく説明されており、装飾品、武器、農耕具、粉ひきの土器などおびただしい数の出土品が陳列されていた。

日本人がよほど珍しいのか、男性スタッフが興味あり気に近づき、英語で「ここに書かれた順路で巡っていってください」とパンフレットをくれた。イラスト・マップに番号と道順が記されてある。これは便利だ。一巡すると距離はざっと二・三キロ。一時間半で見て回れるという。

ビジターセンターを出て、南へいたる道に歩を進めた。左手のひろびろとした平地に古代の住居跡が眠っていた。すわっ！　オッピドゥムか。一瞬、ときめいたが、それは紀元前三〇年ごろに建てられたローマの街だった。じつはアンブルスムの遺跡、思いのほかガロ＝ローマ期のものが多いのである。

この丘には紀元前二三〇〇年ごろの新石器時代末期から人が定住していた。同四世紀半ばからア

「ケルト」と「ローマ」を体現できるアンブルスムの遺跡

レコミキ族が住みはじめ、同三〇〇年ごろ丘のほぼ真んなかにオッピドゥムを築いた。面積は五・六ヘクタール。ナージュのオッピドゥムの半分ほどで、三角形をしている。この付近一帯はアレコミキ族の領土だった。

ケルトの民が穏やかに暮らしていたこの地が紀元前一二〇年、共和政ローマに征服されたが、集落は破壊されずに残り、お決まりのパターンでアレコミキ族はしだいにローマ化していった。裕福な住人のなかには中庭のあるローマ風の住居で暮らす者もいたという。

しばらくして、〈ナージュ〉の章でふれた、イタリアとイベリア半島を結ぶガリア最古のローマの街道、ドミティア街道がこのオッピドゥムのなかに敷かれ、のちにローマ帝国の大動脈の一つとなった。アンブルスムには宿、休憩所、食堂など旅人に憩いを与えるマンシオ(Mansio)

と呼ばれる公共施設が置かれた。それは二五キロ～三〇キロ置きに設けられたという。つまりこの地は宿場町になったのである。

そしていま、ぼくが歩いている道がそのドミティア街道なのだ。幅が二メートルほどで、意外と狭い。牛車ならすれちがうのが大変だ。この部分は未舗装だが、オッピドゥムの東門跡を経て急こう配の坂道に入ると、街道は石畳で舗装されていた。ガロ＝ローマ期には両側に住居や店舗が建ち並んでいたそうだ。

石畳の道をどんどん進み、右手(西方)に折れると、ローマの住居跡があり、その向こうに白っぽい石灰岩の石塁を積んだ壁が残っていた。オッピドゥムの西側を守る防御壁である。もともとは高さが七・五メートルもあった。いまではしかし、基底が埋没しており、一メートルほどの高さしかない。長さも一キロほどあったが、現存するのは六三五メートルだけ。そこに出っ張った要塞(見張り台)が二四か所も設けられており、なかなか壮観である。

その防御壁のうえに上り、北側へ歩いていくと、オッピドゥムで一番高い丘の頂に到達した。標高が五八メートル。アレコミキ族は、ニームの丘にそびえるローマ遺跡のマーニュ塔とよく似た大きな石塔をここに建てたという。それは監視塔ではなく、オッピドゥムのシンボル的な意味合いでつくられたようである。

すぐ右手(東方)にまたまたガロ＝ローマ期の住居跡があった。北東に目を転じると、灌木が点在するヴォナージュ渓谷の平原がひろがっており、はるか向こうにナージュのオッピドゥムが薄っすらとのぞめた。平日の夕方とあって、訪問者は少なかったが、どういうわけかジョッギングを楽しんでいる人を何人か見かけた。近所の人みたい。入場料を払わずに入ってきたのかな。

丘の頂から西側のルートを伝って丘を下ることにした。途中、ガロ＝ローマ期の公共広場跡があった。ここは発掘中だった。ヴィドゥール川の河原へ来ると、石橋の残滓が川の真んなかに浮かんでいた。アンブロア橋という紀元前三〇年ごろローマ人が架けたアーチ橋である。見ようによっては凱旋門のようだ。

当初、長さが一七五メートルもあったというから、当時は川幅が相当ひろかったのだろう。その橋には一一のアーチがあったのだが、度重なる洪水によって次々と失われ、一九三三年九月七日の大洪水で二つ残っていたアーチが一つだけになってしまった。これはなんとしても残さなければならない。

ローマと共存したオッピドゥムは紀元一〇〇年ごろに放棄され、住人はリュネルに移った。おそらくローマによる強制移住だったのだろう。四〇〇年ごろまで川辺の集落は一部、残っていたが、その後、洪水や増水でなんども水没を繰り返していたという。

一九六四年、一面、ブドウ畑だった丘からローマの遺跡が発見されたのを機に、四年後から本格的に考古学調査のメスが入り、オッピドゥムの存在が明らかになった。一九七五年にはドミティア街道も見つかった。木々に覆われていた丘を発掘調査中の二〇一一年、山火事が起き、丘の大半が「更地」になったことでオッピドゥムの全体像がつかめたというから驚きである。

ビジターセンターにもどってくると、先ほどのスタッフが待ちかまえていた。閉館の午後五時半をすぎていたからだ。申し訳なかった。「ニースまで電車で帰る」と言うと、リュネル駅まで車で送ってくれた。すべてが順調。最高のオッピドゥム探訪となった。

【コラム】「アグリスの『黄金のカブト』」

国際漫画祭で知られるフランス南西部シャラント県の県庁所在地アングレーム(Angoulême)の北東約二三キロ、アキテーヌ盆地の北側に位置するアグリス(Agris)村にペラ(Perrats)という洞窟がある。一九八一年、そこから「黄金のカブト」が発見され、その後、冠の頂部、頬当てなどが相次いで発掘された。冠はほぼ無傷状態だった。

ほぼ無傷のまま見つかった「黄金のカブト」

直径約二三センチ。鉄の支持材のうえに青銅と金が貼りつけられ、金線と珊瑚で装飾されてある。金の含有率が九九パーセント！　植物の葉をモチーフにしたデザイン、流麗な線模様が施されており、見ていて飽きさせない。

紀元前四世紀後半、ひじょうに熟練したガリア人(部族名は不明)の職人が手がけた儀礼用のカブトで、この時期、フランスの西端まで円熟したケルト文化が浸透していたことがうかがえる。ツノのある蛇をあしらった頬当てはケルト美術で最古のもの。まさに「ケルトの至宝」と呼ばれる逸品である。

このカブトはアングレーム博物館の目玉展示になっている。博物館が建つ丘は紀元前五世紀〜同一世紀、ガリア人のサントネス族(Santones)のオッピドゥムがあり、ローマ支配期(ガロ＝ローマ期)にはイクリスマ(Iculisma)と呼ばれていた。すぐ北側がピクトネス族(Pictones)の領土だった。

［アクセス］アグリスへはアングレームからバスで行けるが、洞窟の前に囲いがあり、なかには入れない。サン・ピエール大聖堂跡を利用したアングレーム博物館は旧市街のなかにある。

アントルモン

南フランスのオッピドゥムで、もう一つどうしても欠かすことのできないところがある。それはプロヴァンス最大の観光地エクス＝アン＝プロヴァンス(Aix-en-Provence, 略してエクス)の郊外にあるアントルモン(Entremont)の遺跡。行政区分でいえば、ブーシュ＝デュ＝ローヌ県に属する。

エクスの北側にひろがる旧市街のランドマークともいえるサン・ソヴール大聖堂の横を通りすぎ、旧市街を抜けて細い上り坂を北上していくと、道が二手に分かれている。右に向かえば、この街出身の近代美術の巨匠ポール・セザンヌ(一八三九年〜一九〇六年)のアトリエにたどり着くが、ぼくは左側の県道(D)一四号線を真っすぐ突き進んでいった。

しだいに坂の勾配がきつくなってきた。周りは高級住宅地がひろがっている。三〇分ほど経ったころ、国道(RN)二九六号線との交差点の手前を右手(東側)に折れ、高台を登り切ったところにアントルモンの入り口があった。

エクスの中心部から北約二・五キロの地点。高台の標高は三六〇メートル。遺跡を保護するための防御壁の黒い門を通り抜けて少し歩いていくと、目の前に石灰岩の石塁を積み重ねた古代の壁が迫ってきた。高さが一メートル〜三メートル、幅が約三メートル。オッピドゥムの北側に築かれた外壁の一部である。二〇メートルごとに長方形の見張り台があり、雨水の排水溝も施されていたという。

防御壁のなかに足を踏み入れた瞬間、思わず目を見張った。高さ約一メートルほどに積まれた石の遺構が碁盤の目状に整然とたたずんでいたからである。建物の素材は乾いた石とざらざらしたレンガ。この街並みはギリシアの影響を受けているといわれている。

敷地は三・五ヘクタールしかなく、オッピドゥムとしてはかなり小振りである。全体的に歪な三角形をしており、西側の半分は見事なほどに発掘されているが、未調査の東側半分はオリーヴ、マロニエ、ヒイラギの木が生い茂っている。

ここはサルウィイ族(Salluvii)の主邑だった。この部族はケルト人とリグリア人(Ligures)との混血で、一般にはケルト＝リグリア人と呼ばれている。リグリア人は、イタリア北西部からフランス

家屋が密集しているアントルモン遺跡

南東部の地中海沿岸に定住していた民族で、その起源は明らかになっていない。西方のガリアの地に暮らしていたリグリア人は北方から流入してきたケルト系部族と交わったことで、リグリア色がそぎ落とされてどんどんケルト化していったようである。

紀元前三〇〇年ごろからサルウィイ族がこの地に集落を築いて暮らしていたが、同一八〇年ごろには堅牢なオッピドゥムへと様変わりした。それは、南へ約二四キロ離れた、地中海交易の拠点ともいえるギリシアの植民地マッサリア(Massalia、現在のマルセイユ)とリンクしやすく、地中海とアルプス地方とを結ぶ交通の要衝になっていたからである。

オッピドゥムは最初に南側の少し高くなったところからつくられた。説明書には、「上の町(Ville Haute)」(旧市街)となっている。そこは上流階級の住居エリアで、やや小さめの建物がびっしり密集している。通りの幅も狭い。しかし整然としたたたずまいだ。

その北の区画が信仰の場、「聖域」である。不気味な十二面の顔が彫られた石柱、動き回るヘビをあしらった石柱、一五人分の頭蓋骨やそれらを収納するための穴のあいた木の容器などが見つかっている。頭部に特化していることから、ケルト人の人頭崇拝の証しと考えられている。頭蓋骨はおそらく敵対する相手の首なのであろう。細長い建物跡が神殿だったという。これらの出土品はエクスの街のグラネ美術館に展示されている。

四〇年後、「上の町」の北側、一段低くなったところにオッピドゥムが拡張され、「下の町(Ville Basse)」(新市街)がつくられた。そこは比較的大きな建物群が軒を連ねているが、「上の町」ほど整備されていない。金属とガラス細工の工房、鍛冶屋、商店、住居が混在しており、道は石灰岩で舗装されていた。

油(オリーヴ油?)とワインを圧搾するための重しに使われたカメの甲羅のような巨石、金属細工用と思われるカマドの跡も残っている。商売や交易に使われた硬貨はマッサリアから導入されたギリシアのもので、どの家にも暖炉があり、上下水道が完備されていたという。

ローマの影響を受けていないのに、このように都市化されていたとは驚きである。当時の想像イラスト画を見ると、狭いオッピドゥムに建物が隙間なく過剰なほど建ち並んでいる。人口の推定値はないが、人口密度は相当、高かったにちがいない。アントルモンはガリアにおいて都市化された最古のケースだといわれている。

そんなアントルモンの命運は、住人のサルウィィイ族がマッサリアの貯蔵庫を狙いはじめたことから変わっていった。それによって紀元前一二五年、マッサリアから救援を求められたローマがサルウィィイ族の征伐に乗り込んできたからである。執政官フルヴィウスがただちに出陣するも失敗に終わった。しかし翌年(同一二四年)、後任の執政官セクスティウスがアントルモンの攻略に成功した。首長のテマトリウスは逃亡し、多くの住人がローマの奴隷になったという。

つまり、ガリアで最初にローマによって滅ぼされたオッピドゥムがこのアントルモンだったのである。四年後の紀元前一二〇年からローマがガリア侵攻をはじめた。

セクスティウスはその後、一部修復したアントルモンにローマ軍を駐屯させたのち、二年後の同一二二年、温泉の出る地に部隊を移動させた。そこは良質の水が湧き出ていたので、セクスティウスの名にあやかって、「アクアエ・セクスティアエ(Aquae Sextiae)」(セクスティウスの水)の地名がつけられた。それが今日のエクス・アン・プロヴァンスである。のちのローマ皇帝アウグストゥスの統治下、ローマの直轄植民都市になった。

アントルモンはやがて見捨てられ、ガリアの風土から消失していった。一八一七年、この高台から人頭を彫った石片が見つかったが、調査には着手されなかった。時代が下って第二次世界大戦中の一九四三年、当地を占領していたドイツ空軍が貯水池をつくるために採掘したところ、いろんな遺物が出てきて、古代遺跡が眠っていることがわかった。そして戦後の一九四八年から本格的な発掘調査がおこなわれた。
遺跡の南端から東方に視線をそそぐと、セザンヌが好んで描いた石灰岩の山塊、サント・ヴィクトワール山（標高一〇一一メートル）の独特な景観がのぞめる。二〇〇〇余年前、ケルト文化を花開かせたサルウィイ族もここからおなじ光景を眺めていたのだろう。そう思うと、時間軸が曖昧模糊となり、妙に不思議な気分に浸ってしまった。

［コラム］「フィリトーザの人面石」

このコラムは「ケルト」とは関係がない。だから本書に盛り込むべきではないが、どこを取ってみても「ケルト」の空気が充満しているように思えるので、あえて掲載した。

地中海に浮かぶフランスのコルシカ島。西海岸の中心都市アジャクシオ（Ajaccio）から南東約二二キロのタラヴォ渓谷にあるフィリトーザ（Filitosa）遺跡に興味深い花コウ岩の人面石が残っている。この地には新石器時代初期（紀元前六〇〇〇年）からローマ支配期（同一世紀）までの痕跡があり、二五八基ものメンヒル（先史時代の立石）が点在している。

そのなかに人面を彫ったものがいくつかある。青銅器時代後期（紀元前一〇〇〇年ごろ）のもので、「ケルト」の時代よりも古いが、大陸でケルト人がつくった人面と驚くほどよく似ている。「トーレ（Torre）＝火の祭り」と名づけられた祭壇に小振りのメンヒルが数本、立ち並んでおり、その中央に

「ケルト」らしい空気を放つフィリトーザの人面石

ある凜々しい顔立ちの人面石は勇壮な戦士そのもの。専門家によると、戦いで殺した敵の首長の頭部らしく、「死」と深く関わっているようだ。

　これらのつくり手は、古代の地中海でエジプト王朝に抗ったシャデーンズ(Shardanes)と呼ばれる「海の民」ではないかと考えられている。コルシカ島の南に浮かぶイタリアのサルディーニャ島(Sardegna)の名前の由来になった民族。フィリトーザ遺跡には長剣を描いたメンヒルや住居跡などきわ立った遺物が多くあり、先史時代の宝庫ともいえる。

［アクセス］アジャクシオからのバスの便がきわめて少ないので、タクシーの利用が便利。

スペイン

ヌマンティア

イベリア半島の「ケルト」は少し事情が異なる。もともとこの地にはその起源が謎めいている先

住民のイベリア人(Iberos)が主に南東部に定住していた。彼らは非インド＝ヨーロッパ語族で、単一の民族ではなかったらしい。そこにケルト系諸部族が中央ヨーロッパからピレネー山脈を越えてやって来た。ギリシアの歴史家ヘロドトスによると、紀元前五世紀までにケルト語を話す部族がイベリア半島にいたというが、すでに紀元前七世紀以前から少しずつ移住してきたとみられている。

やがてケルト人がイベリア人とまじわり、ケルト＝イベリア人(Celtiberos)として半島の中央部から北部にかけてのメセタ(乾燥した中央台地)に住み着いた。埋葬方法がケルト人特有の土葬からイベリア人の火葬に変わり、イベリア文字を使うなど土着の風習を採り入れながらも、ケルト語の一種、ケルト＝イベリア語を話し、ケルト文化を保持してきたようである。とりわけ紀元前三世紀～同一世紀にイベリア文字やラテン語の碑文を数多く残してい

褐色の大地にひろがるヌマンティアのオッピドゥム跡

る。ケルト＝イベリア人は半島全体で四〇万人近くいたと推定されている。

紀元前三世紀に入ると、地中海の海洋民族フェニキア人（Phoenician）の北アフリカ植民都市カルタゴ（Carthago）がイベリア半島南岸に勢力を伸ばしてきた。そのカルタゴと共和政ローマが地中海の覇権をめぐって戦った第二次ポエニ戦争（紀元前二一八年〜同二〇一年）では、乗馬術に長けたケルト＝イベリア人がカルタゴ軍の傭兵となったが、最終的にローマに敗れた。その後、ローマはイベリア半島の支配に乗り出し、抵抗するケルト＝イベリア人と激しくぶつかった。それがケルト＝イベリア戦争である。

ケルト＝イベリア人の諸部族は城塞都市を各地に築き、ローマ軍と向き合った。その城塞都市は現地ではカストロ（Castro）と呼ばれており、実体はオッピドゥムとおなじである。圧倒的な軍事力を誇るローマが第一次ケルト＝イベリア戦争（紀元前一八一年〜同一七九年）を制すると、さらに支配を強めてきた。それに真っ向から反旗を翻したのが最強の部族といわれるアレウァキ族（Arevaci）だった。ここに紀元前一五三年から二〇年間にわたる第二次ケルト＝イベリア戦争の幕が切って落とされた。

アレウァキ族の拠点となったのがヌマンティア（Numantia）である。スペイン語ではヌマンシア（Numancia）と表記される。首都マドリッドから北東へ約二〇〇キロのメセタに位置しており、アレウァキ族は紀元前三世紀からそこに住みはじめた。

最寄りの町は人口約四万人の典型的な地方都市ソリア（Soria）。ここから北約七キロにあるヌマンティアへはバスの直通便はないが、ガライ（Garray）村までバスで行き、そこから歩く手がある。ぼくは時間がなかったので、あえてタクシーを使った。ドゥエロ川を渡った辺りから、右前方に小高い丘が見えてくる。そこがヌマンティアである。

遺跡の入り口に入ると、褐色の平地がひろがっていた。とりあえず見学ルートに沿って歩いてみた。古代の家屋が密集していた痕跡があちこちに残っており、そんななか、再建された日干しレンガの家屋がいくつも見受けられる。みなカヤ葺きで、長方形だ。家のなかには暖炉、織機、農耕具、食器などがあり、生活臭がふんぷんと感じられた。高さ六メートルの見張り台も再現されている。

ひろさは約二〇ヘクタール。甲子園球場のざっと五倍。復元イラスト画を見ると、碁盤の目状に通りが張り巡らされている。人口は一万二〇〇〇人〜一万六〇〇〇人。高さ三メートル〜五メートルの防御壁に囲まれ、見張り台が二四基もある。いまでは信じられないが、当時、周辺には広葉樹林の森がひろがっており、ところどころマツが生い茂っていたという。

紀元前一三四年の秋、指揮官スキピオ・アエミリアヌス率いるローマ軍がヌマンティアに迫ってきた。援軍が一二頭の象を引き連れ、投石機で波状攻撃を仕掛けたが、アレウァキ族は耐え抜いた。翌年(紀元前一三三年)、スキピオは城塞の周囲に七か所の砦を建造し、それらのあいだを堡塁でつないで完全に包囲した。兵糧攻めにする魂胆である。このときローマ軍はざっと三万人に達していた。

スキピオが降伏を促すも、アレウァキ族は断固、拒否を貫いた。奴隷になるより死を選ぶ覚悟だった。城塞に居残っていた八〇〇〇人の戦士と住人はしだいに飢餓状態に陥り、地獄絵図が現出していた。春になって五人がなんとか抜け出し、近くの部族に救いを求めたが、ローマ軍の報復を恐れ、どの部族も動かなかった。孤立したヌマンティアでは人食がおこなわれ、自殺する者が相次いだ。

一一か月後の夏、生存していた数百人がようやく降伏に応じ、籠城戦にピリオドが打たれた。スキピオによって破壊されたヌマンティアはその後、ローマ風の街として再生したが、紀元三世紀以降に衰退し、四世紀後半には放棄された。

古代遺跡を散策していると、なにかしら肌寒く感じられる。言葉では言い尽くせぬほど悲惨な出来事がこの地で起き、何千という人の霊がいまだにさまよっているからであろうか。ヌマンティアにはほかのオッピドゥムにはない独特な空気が漂っている。

この地は後年、自由への希求と抵抗のシンボルとしてスペイン人の心に深く刻まれることになった。八世紀から一五世紀のイスラム教徒(ムーア人)からの国土回復運動《レコンキスタ》、そして近年の内戦時ですら王党派、共和派問わず、ヌマンティアに拠りどころを求めた。そうした精神性を具現化したオベリスク(記念碑)が遺跡の端に屹立している。

一九世紀はじめからなんども発掘調査がおこなわれ、現在では全容がほとんど解明されている。ソリアの街中にあるヌマンティア博物館には、このオッピドゥムだけでなく、周辺の古代遺跡で発掘された出土品が数多く保存、展示されている。とりわけ「ケルト＝イベリア」の展示室が充実しており、マドリッドの国立考古学博物館に比肩するほどだ。ここは必見！

【コラム】「ギサンドの雄牛」

ずっしりとした四頭の雄牛が富士山に似た西方の山を向いて等間隔で並んでいる。体高が一三〇センチ～一四五センチ、体長が二六〇センチ～二八〇センチ。いずれも花コウ岩でできている。見るからにパワフルだ。これらは「ギサンドの雄牛(Toros de Guisando)」と呼ばれる彫像。首都マドリッドの西約七〇キロ、アヴィラ県のギサンド村の外れにある。

紀元前四世紀からローマに支配される紀元前一三三年にかけて、ケルト＝イベリア人の一派ウェッ

ケルト＝イベリア人の魂が伝わってくる雄牛の彫像

トネス族(Vettones)によってつくられた。彼らは豚肉を好んでいたので、この彫像は牛ではなく、豚かイノシシの可能性もある。ただしすべて雄の家畜だ。宗教的なものか、儀礼的なものか、はたまた魔術的なものか……。つくられた目的がはっきりわかっていない。ウェットネス族が定住していたイベリア半島の中西部で数多く出土している。

これらケルト＝イベリア人の遺産は、マドリッドの国立考古学博物館、アヴィラ博物館、サラマンカのカスティーリャ・イ・レオン博物館などでも展示されている。「ギサンドの雄牛」の遺跡に隣接する地はかつて大きな宿屋で、一四六八年、カスティーリャ王国の王位継承を決める宣言がそこでおこなわれた。

[アクセス]マドリッドからバスでサン・マルティン・デ・ヴァルデイグレシアス(San Martin de Valdeiglesias)へ、そこから西へ約四キロ。タクシーが便利。

ヴィラドンガ

スペイン北西部のガリシア(Galicia)州は、今日でもケルト文化を宿す地方として独特な風土を保っており、正式にはガリシア自治州と呼ばれる。ガリシアの名は古代、この地に定住していたガラエキ族(Gallaeci)に由来している。彼らはケルト人、あるいはケルト=イベリア人のケルト系民族を総称したもので、数多くの部族で構成されていた。

紀元前一三三年にヌマンティアを陥落させ、一気にイベリア半島全域の支配に乗り出した共和政ローマに対し、ガリシアと東に隣接するアストゥリアス(Asturias)が果敢に抵抗をつづけた。そして紀元前一九年になってようやくローマ帝国の軍門に下り、のちに属州ガラエキア(Gallaecia)に組み入れられた。

現在、ガリシアでは、スペイン語(カスティーリャ語)のほかに固有のガリシア語が話されている。このガリシア語がケルト語の一種なら、ガリシアが今日でも「ケルトの国」と胸を張って言えるのだが、そうではないのである。

ガラエキ族が話していたケルト語は紀元五世紀ごろに廃れてしまった。ガリシア語は一四世紀にポルトガル語から派生した言葉で、ポルトガル語の方言と見なされている。だからガリシア人はポルトガル語を、ポルトガル人はガリシア語をほとんど解するらしい。ガリシア語の話し手は約二〇〇万人いるといわれ、スペイン国内で公用語の一つに数えられている。

そんなガリシアにはガイタ(Gaita)と呼ばれるバグパイプがある。スコットランドのハイランド・パイプにくらべて小振りでシンプル。「ケルト」にルーツがあることを謳っている音楽分野の「スパニッシュ・ケルト」ではこのガイタがよく使われている。その演奏家はストリート・ミュー

野球場のように見えるヴィラドンガの遺跡

ジシャンから、カルロス・ヌニェス(一九七一年〜)に代表される世界的なプロ奏者までじつに幅ひろい。

こうした独自な空気に彩られたガリシアには、カストロ(オッピドゥム)が三〇数か所確認されている。そのなかで一番、保存状態が良いといわれているのが東部ルーゴ(Lugo)県にあるヴィラドンガ(Viladonga)である。県庁所在地のルーゴの北東約二三キロ。ぼくはルーゴからバスで田舎町メイラ(Meira)まで向かい、そこからタクシーを利用した。標高五三五メートルの丘陵地帯に位置しており、針葉樹の林が遺跡を取り囲んでいた。

カストロは不規則な四角形をしたくぼ地のなかにあった。ざっと目測すると、縦が一〇〇メートル、横が九五メートル。周辺を含めて面積が四ヘクタールというから、甲子園球場とほぼおなじくらい。上空から俯瞰すると、見た目が野球場とそっくりなのだ。周りに高さ八メートル〜一〇メートルの土手が施されており、外側の土手の下にはU字とV字の溝が掘られている。言うなれば、土手自体が防御壁の機能を果たしている。

東西に二か所、入り口(門)がある。くぼ地のなかには歪な円形、長円形、四角形の石塁がおびただしく配置されている。それらは住居、納屋、作業場、集会場といった建物で、その数、七〇近くもあり、通りと路地の両側にびっしり密集している。

木造ではなく、スレートや結晶片岩、花コウ岩の石塁を積み重ねた石づくりで、どことなくパリヨーサ(Palloza)とよく似ている(＊コラム「オ・セブレーロのパリョーサ」を参照)。円形の家屋は直径三メートル〜五メートル、四角形の建物は五メートル四方が多いが、なかには二〇メートル以上のビッグなものもある。それは集会所か作業場のようだ。こうした建造物はカストロの外側にも建っていたらしい。棟数から推定すると、人口は五〇〇人程度と思われる。オッピドゥムにしてはかなり小規模だ。

この地に人が住み着いたのは青銅器時代の末期(紀元前九世紀ごろ)からで、紀元前五世紀以降、ガラエキ族によって集落が形成されてきた。同一九年にローマに支配されてからも、住人が居着いていたが、やがてローマの命令で平地へ強制移住させられた。彼らの大半が向かったのが、ローマ帝国の属州ガラエキアの都となったルクス・アウグスティ(Lucus Augusti)だった。今日のルーゴである。

紀元三世紀から住人がもどり、ふたたびヴィラドンガに生活の匂いが漂った。しかしローマ帝国(西ローマ帝国)が滅亡した五世紀末以降、この地は見捨てられ、中世になると、歴史の闇のなかに埋没していった。

ローマ支配期には、家屋の屋根がワラ葺きからスレートの瓦に変わり、排水路も完備された。それでも住人は以前とおなじように、小麦、大麦、オート麦などの穀物の栽培、牛、馬、豚などの家畜の飼育、さらに狩猟や西方三〇〇メートルほど離れたアズマラ川での魚の捕獲によって暮らしていた。

井戸が見当たらない。どうやらアズマラ川が生活のための水源になっていたようだ。ローマ期になってからそのアズマラ川で金が見つかり、金細工が盛んになった。現在、目に見える遺跡のほとんどがローマ期のものである。

一九七一年から本格的に発掘調査がおこなわれ、土器、農耕具、馬具、ブローチや留めピンなどの装飾品、刀剣やナイフといった武器など数多くの遺物が発見された。この地でもローマ軍とのあいだで攻防があったはずなのだが、不思議なことにその痕跡が残っていない。はて、無血で征服されたのだろうか。黄金のトルクが出土したので、かなり身分の高い族長が君臨していたにちがいない。しかし、宗教事情ともどもその辺りのことがあまりわかっていない。

ヴィラドンガに来たら、ぜひとも土手を一周してほしい。褐色の台地が一面にひろがるメセタとはまた異なった、緑麗しいガリシアの風土のなかに眠る古代ケルトの息吹をじかに体感できるからである。ぼくは時間の許すかぎり、その空気を満喫した。

それと遺跡の南東にあるヴィラドンガ・カストロ博物館に足を向けてもらいたい。ヴィラドンガの説明だけに終わらず、ガリシアにおけるケルトの歴史、ケルト＝イベリアの生活や文化などがわかりやすく解説されている。ひじょうに充実したこの博物館を去るとき、学芸員からこんな言葉をかけられた。

「わたしの知るかぎり、日本人の来訪者はあなただけです。ぜひヴィラドンガを多くの日本人に知らしめてください」

［コラム］「オ・セブレイロのパリョーサ」

フランスからピレネー山脈を越え、ガリシア州にあるサンティアゴ・デ・コンポステーラ大聖堂へといたるサンティアゴ巡礼の「最後の難所」として知られるオ・セブレイロ(O Cebreiro)の集落。アンカレス山脈の真んなか、標高一三二〇メートルの峠に位置しており、ガリシア州とカスティーリャ・イ・レオン州の境にある。ここを越えれば、ゴール地点の大聖堂まで一二〇キロの道のり。

この集落に、スレート(粘板岩)と結晶片岩の石塁を積み上げた直径八メートル～一五メートルの楕円形の奇妙な家屋が四棟建っている。それがパリョーサである。円錐形の屋根に使われているワラ葺きの材料はライ麦の茎。地面から屋根までかなり低く、小さな窓が二、三ある。玄関戸もやけに小さく、冬の積雪に耐えられるよう頑丈な構造になっている。

このパリューサの起源が古代のケルト系ガラエキ族の家屋といわれている。見た目は、英国スコットランドの石の円塔ブロッホ(Broch)とよく似ている。そのなかで家畜(主に牛)と寝食を共にしてきたという。最近まで実際に住人が暮らしていたが、いまでは二棟が民族博物館、あとの二棟が巡礼者の避難所になっている。オ・セブレイロのほかにも、ガリシア州と隣接するアストゥリアス州に数棟が残っている。

[アクセス]ルーゴからバスでガリシア州東端のペドラフィータ・ド・セブレイロ(Pedrafita do Cebreiro)村へ、そこから

古代ケルト人の家屋をルーツにするパリョーサ

サンティアゴ巡礼路を逆方向に徒歩で登っていく。

サンタ・テクラ

高さ一メートルほどの丸い石垣がびっしりと埋め尽くされている。それらがアメーバのようにうごめいているようにも思え、不気味な感じさえする。見ようによっては、迷路のようでもあり、まことに摩訶不思議な空間である。こんな古代遺跡をこれまで見たことがなかった。

そこはサンタ・テクラ(Santa Tecla)のカストロ。ガリシア語ではサンタ・トゥレガ(Santa Trega)となる。ガリシア州南西部ポンテヴェドラ県の南西端に位置する人口約一万人の町ア・グアルダ(A Guarda)の南側にそびえるサンタ・テクラ山(標高三四一メートル)の八合目にある。

山の南側にミーニョ川が流れており、その向こうはポルトガル。ア・グアルダの町から山頂まで道路が敷設されているので、車なら楽々、到達できるが、ぼくは登山道を四〇分ほど登って遺跡にたどり着いた。

ガリシアのカストロは、立地的に丘陵、海辺、山間部の三つのタイプに分かれる。前述のヴィラドンガは丘陵タイプで、ここサンタ・テクラは典型的な山間部のカストロだ。海辺のカストロでは、北西部のラ・コルーニャ(ガリシア語ではア・コルーニャ)県のバローニャ(Baroña)遺跡が知られている。数あるカストロのなかでも、サンタ・テクラは見事なほどに修復されており、しかも特異な外観からして一番、見ごたえがあると思う。

南北に約七〇〇メートル、東西に約三〇〇メートルのゆるやかに傾斜した敷地(約二一ヘクタール)に一六〇近くの家屋跡が密集している。それらは稠密したエリア以外でも点在しており、山腹全体がカストロといった様相である。現地では、「ケルトの城塞(Castro Celta)」、あるいは「ケルトの村(Pueblo Celta)」と呼ばれている。

紀元前四世紀ごろから定住がはじまり、帝政ローマに支配されてからの紀元二世紀まで一大居住地として使われた。グロヴィイ族(Grovii)、あるいはグロヴィオス族(Grovios)というガラエキ族の

「ケルトの城塞」と呼ばれているサンタ・テクラの遺跡

一派が住み着いていたらしい。この部族の名は聞いたことがない。最盛期には五〇〇〇人ほどが暮らしていたとみられる。

建物跡は住居、倉庫、作業場などで、ほとんどが円形と楕円形である。復元された住居は高さ四メートル、直径五メートルのまん丸い家屋で、円錐形のワラ葺き屋根がついている。パリョーサの原形ではないだろうか。壁の厚さは四〇センチほどで、石灰と砂をまぜて固められている。内部は直径約三〇センチの「大黒柱」で屋根が支えられており、暖炉であろうか、火をくべていたと思われる石が置かれていた。このスペースなら、五、六人は十分、暮らせたと思われる。

オッピドゥムには防御壁が欠かせない。カストロも同様である。しかるにサンタ・テクラを取り囲む石塁を積み重ねた壁（高さ一メートル

〜二メートル、厚さ一・六メートル）は防御を目的にしたものではなく、単に集落の範囲を示していただけのものだという。なるほど、こんな山間部という立地を鑑みると、敵が襲ってきてもなかなか攻め込めないからだろう。さらに南側はミーニョ川という天然のバリアがあるのだから、防御にさほど力をそそぐ必要がなかったのかもしれない。

住人は狭い高地で穀物を育て、周辺の森で狩猟をおこない、下界に降りてきてミーニョ川で魚を捕獲していた。ローマに征服された紀元前一世紀以降、製粉、鍛冶、金細工、陶芸、機織りなどの職人が現れ、経済活動が活発になってきた。硬貨が見つかったことから、周辺の部族との交易で生計を立てていた商人もいたようだ。

当然、ローマ人もやって来たが、「都会人」の彼らにとって、サンタ・テクラはあまりにも不便な辺境地とあって定住しなかった。そんななか、ガラエキの民は以前とおなじ生活習慣を保ったままこの地で暮らしていた。しかしやがて時代の波に飲み込まれ、住人が相次いで山を下りてゆき、カストロは放棄されていった。

奇妙なカストロをあとにして道路に沿って登って行くと、サンタ・テクラの山頂にたどり着いた。その途中で石の家屋跡がいくつも見られた。山頂には小さな教会、レストラン、考古学博物館があり、テレビの電波塔も何本か立っていた。眼下にはミーニョ川。大西洋にそそぐ河口近くなので、思いのほか川幅がひろい。その向こうにはポルトガルの山々が連なっている。

赤い屋根の考古学博物館はワンフロアだけのひじょうにコンパクトな建物だった。そこにはサンタ・テクラのカストロのほか、周囲で発見された古代の遺物が展示されてあった。青銅のブローチ、取っ手のある土器、勾玉のような球状の黒玉石、銀のトルク、コイン、武器、農耕具……。

とりわけ目を引いたのが、螺旋模様、組みひも模様、渦巻き、そして「ケルト」の象徴ともいわれるトリスケル(三脚巴)などが彫られた花こう岩の石の断片だった。これらは新石器時代末期(紀元前二五〇〇年ごろ)から青銅器時代初期(同二〇〇〇年ごろ)にかけて刻まれたものである。「ケルト」よりずっと以前の時代。そのころから「トリスケル」が考案されていたのがじつに興味深い。宗教的な意味合いがあるようだが、そこのところがよくわかっていない。

サンタ・テクラのカストロは住人に見捨てられてから、徐々に森に同化し、いつしか建物跡が土と木々に覆いかぶされた。一八六二年、ローマ支配期につくられた青銅製のヘラクレス像が見つかったことを機に古代遺跡の存在がわかった。本格的に発掘調査がおこなわれたのは第一次世界大戦がはじまった一九一四年からで、九年間におよぶ調査で全容が浮かび上がってきた。一九三一年には貴重な古代遺跡として国立歴史芸術史跡に指定された。

ところがスペイン内戦(一九三六年~三九年)や第二次世界大戦(一九三九年~四五年)といった社会の荒波によって調査の継続が困難となり、一九三三年~七九年までの四六年間、放置されっぱなしだった。この間にカストロの存在が忘却のかなたへと押しやられてしまったが、八三年から五年間の再調査で、家屋跡の修復、保存、復元が施され、現在、国家ぐるみでサンタ・テクラ山全体が文化遺産の保護対象にされている。

南ヨーロッパのイベリア半島で一番、「ケルト」を体感できるところはまちがいなく、このサンタ・テクラである。

イタリア

モンテ・ビベレ

イタリアと「ケルト」との関わりも存外に深い。紀元前四〇〇年ごろ、ガリアにいたケルト人諸部族がアルプスを越えて次々とイタリアへ入り、ポー川流域やトスカーナ地方のエトルリア人(Etruria)の街に定住していった。アルプス越えの大きな理由が、地中海地方のワインに魅了されたからだといわれている。麦を発酵させたビール様のアルコール飲料や蜂蜜からつくるミードを愛飲していた彼らにとって、ワインは極上の飲み物に思えたのだろう。

すでにその前から、純粋なケルト人なのか、リグリア人の血が混じっているのか、その辺りがよくわかっていないが、一般にはケルト人部族といわれるタウリニ族(Taurini)がイタリア北西部、今日のピエモンテ州に定住していた。その拠点が部族名に由来する現在のトリノ(Torino)である。

その東方にある先住民エトルリア人の街メルプム(Melpum、現在のミラノ)を攻略し、そこを主邑にしたのがインスブレス族(Insubres)。ベルガモ、ヴェローナ、クレモナなども彼らの大きな集落だった。

アルプスを越えてきた新参者のケルト人諸部族はほかにもいた。ガリア中部のケノマニ族(Cenomani)はブレシアを中心に住み着き、ボイイ族(Boii)はガリア南東部からエトルリア人の領土であるトスカーナ地方に侵入し、彼らの集落フェルシナ(Felsina)を乗っ取り、部族名からボノニア(Bononia)と改名した。それが今日のボローニャ(Bologna)と転訛していった。

さらにガリア東部から来たリンゴネス族(Lingones)はイタリア半島北東部の海岸一帯に居住し、

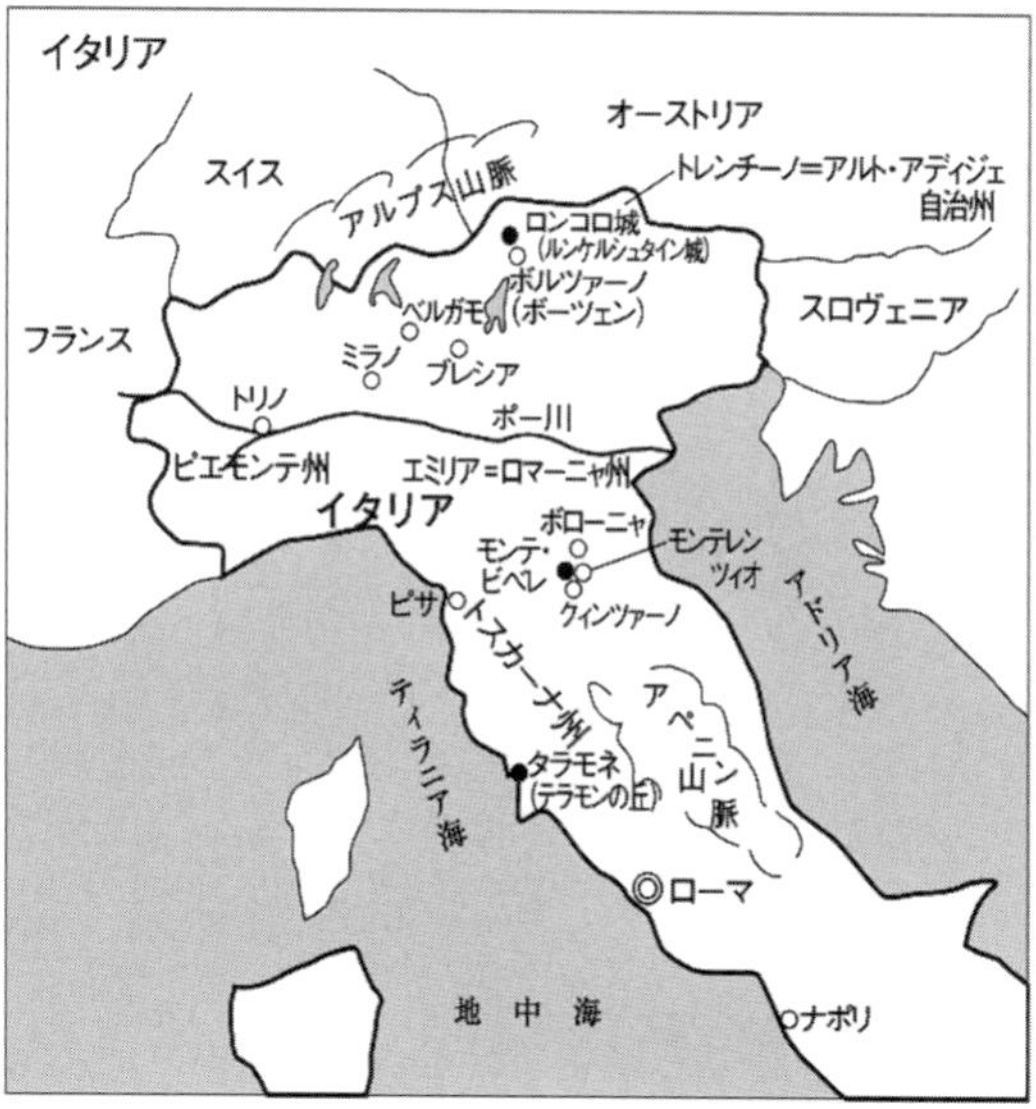

その南側にガリア中部のセノネス族(Senones)が勢力を張った。どの部族かは不明だが、どんどん南下してシチリア島へ向かい、ギリシアの植民都市シュラクサイ(Syrakousai、現在のシラクサ)の傭兵になったケルト人もいた。

紀元前三九〇年(三八四年、三八七年の説もある)、セノネス族がローマ市内を占領し、ローマ人を恐怖のどん底におとしいれた。このころがイタリアにおけるケルト勢力のピークで、その後はしかし、ローマが盛り返し、ケルト人諸部族が劣勢に立たされていく。そんななか、エトルリア人は南のローマ、北のケルトに挟まれ、サンドイッチ状態になり、衰退を余儀なくされていた。

こうした状況下、ケルト人がエトルリア人と共存していた大規模集落が、イタリアの背骨といわれるアペニン山脈の北部に位置する標高六一六メートルのモンテ・ビベレ山(Monte Bibele)の頂上近くにあった。エミリア＝ロマーニャ州の州都ボローニャから南へ約二六キロの地点。居住していた期間が紀元前四世紀～同三世紀で、規模と形態からして、オッピドゥムではないが、イタリアにおける重要な古代ケルトの遺跡なので、言及することにした。

ボローニャのバス・ターミナルから乗ったクインツァーノ(Quinzano)行きのバスは、国道九号線から外れ、風光明媚なイディチェ川沿いに一時間一五分ほど走り、終点のクインツァーノに着いた。そこは山間部のこぢんまりとした村だった。さっそくイディチェ川の支流ゼーナ川に沿う道路を北へと登っていくと、すぐに「MONTE BIBELE AREA ARCHEOLOGICA(モンテ・ビベレ考古学地区)」の標識があった。

ここから先はゆるやかな丘の斜面だ。山道の周りには栗の木が生い茂る森がひろがっている。頂上らしきところを少し南側へ下った辺りに木の杭が何本も打ち込まれていた。ここが埋葬地の跡である。あとで調べたら、一三四体の遺体が見つかったという。

さらに小道を下って行った。山の東斜面に当たるその地に、見るからに人が暮らしていた大規模な遺跡が不気味なほどの静けさのなかにたたずんでいた。ここが集落跡である。広さは七〇〇〇平方メートル(〇・七ヘクタール)。段々畑のように段差がついている。斜面には石塁がびっしりはめ

緑深い森に覆われたモンテ・ビベレ。中央の峰が山頂

込まれており、平地に家屋が建てられていた。斜面を降りたところに、飲み水を溜めていた円形の水槽（容量八〇リットル）の跡があった。

現場に立てられていた説明板はすべてイタリア語なので、らちが明かず、山を下りてからバスでボローニャ方面へ引き返し、途中のモンテレンツィオ（Monterenzio）で下車し、そこにある市立モンテレンツィオ考古学博物に入った。地元の名士ルイジ・ファンティーニ氏が建造に寄与したので、ルイジ・ファンティーニ博物館とも呼ばれている。イタリアで唯一の「ケルト」博物館である。ここでモンテ・ビベレ遺跡のすべてが判明した。

あの集落は、モンテ・ビベレ山の北東にある標高五五〇メートルのモンテ・サヴィーノ山（Monte Savino）の東斜面にあり、正確にはモンテ・サヴィーノ遺跡というそうだ。しかしモンテ・ビベレ山塊にあるので、一般にはモンテ・ビベレ遺跡でとおっている。

集落跡は標高三〇〇メートルにあり、そこに四〇～五〇の家屋が建っていた。博物館内に復元された住居を見ると、土台が石塁でできた四角い木造家屋で、木かカヤで屋根が葺かれていた。モンテ・ビベレ山塊の下を流れるイディチェ川は、地中海交易の窓口になっていた東方のアドリア海沿岸へといたる重要なルートであり、さらに山のふもとに銅の鉱脈もあった。

こうした理由から紀元前四世紀はじめに四〇〇人ほどのエトルリア人が暮らしていた。ひょっとしたら、彼らはローマに追われ、天然の要塞ともいえるこの山中に逃げ延びてきたのかもしれない。

エトルリア人は、ローマ市中を流れるテヴェレ川と北方のピサにそそぐアルノ川にはさまれたティレニア海側のエリアに定住していた。その地域がトスカーナで、意味はズバリ、「エトルリア人の地」。ティレニア海は「エトルリア人の海」という意味がある。彼らが話していたエトルリア語は、ラテン語やケルト語とは異なる非インド＝ヨーロッパ語族だったといわれており、いまなお完全に解読されていない。

紀元前九世紀には、どういう経路で伝播したのかは不明だが、すでに鉄器を使っていたともいわれている。現在のアレッツォ、キウージ、ペルージャなど独立性の高い一二の都市国家を建造し、エトルスキ連合という同盟を結んでいた。全盛期は紀元前七世紀～同六世紀で、ポー川からナポリ付近にまで勢力を有していた。しかし同五世紀、ギリシアとの海戦に敗れてから衰退がはじまり、その後、ケルト人の流入がそれに拍車をかけた。

そんなエトルリア人が暮らしていたこの地に、ケルト人のボイイ族が南下し、共存をはじめた。両者のあいだで武力衝突があったのかどうかは定かではない。野ウサギ、豚、牛、イノシシ、ヤギといった動物の骨、麦類とマメ類、リンゴなどの果樹の種子、農耕具が多数見つかったことから、狩猟、家畜の飼育、農業で生活を立てていたことがわかってきた。

出土品はほとんど炭化していた。なぜなら紀元前二〇〇年ごろ、火災によって集落が燃えてしまったからである。原因は不明だが、この周辺を支配下に置いていたローマ軍が火を放ったのかもしれない。

一九七三年からモンテレンツィオ市、ボローニャ県、ボローニャ大学考古学教室によって発掘調査が進められ、土器のツボ、カメ、皿、鉄器の刀剣、カブト、青銅のブローチとネックレス、ラ・テーヌ様式の水差しなどケルト人部族の遺物が多数見つかった。さらに古い時代の層からエトルリア文字を刻んだ皿、二人の男神を描いた手鏡などエトルリア人の遺物も発見された。出土品は市立モンテレンツィオ考古学博物に保存、展示されている。

イタリアに定住していたケルト人諸部族は、紀元前三五〇年ごろから北進してきた共和政ローマの軍勢と激しく戦うようになったが、敗戦をくり返し、次々とローマに領土を奪われていった。そして紀元前二二五年、ティレニア海を見下ろすテラモン(Telamon、現在のタラモネ)の丘でケルト人諸部族の連合軍がローマ軍に敗れ、衰退が決定的なものになった。

紀元前四九年には、ローマの属州ガリア・キサルピナ(Gallia Cisalpina、アルプス以南の北イタリア)のローマ化が完了し、イタリアから「ケルト」の空気が一掃された。

【コラム】「アーサー王伝説が宿るロンコロ城」

イタリア北部、アルプス山脈をはさんでオーストリアと接するトレンチーノ＝アルト・アディジェ自治州は五五六年間もオーストリアのハプスブルク家の領地だったので、ひじょうにゲルマン色が濃い。かつては南チロルを意味するドイツ語の「スッド・チロル(Südtirol)」と呼ばれていた。住人はイタリア語とドイツ語のバイリンガーである。

壁画に描かれたアーサー王（3人の王の右端）

その中心地のボルツァーノ(Bolzano、ドイツ語：ボーツェン Bozen)の北約二・五キロ、タルヴェラ川が流れるサレンティーノ渓谷に威風堂々とした古城が岩山のうえにそびえている。それがロンコロ城(Castel Roncolo)。ドイツ語ではルンケルシュタイン城(Schloss Runkelstein)。一二三七年、地元の有力者ヴァンガ男爵によって建造された城で、ベージュで統一された壁と薄茶色の屋根が見事に周囲の情景に溶け込んでいる。

城内にある「夏の館」の廊下壁面が人物を描いたフレス

コ画で埋め尽くされており、そこにアーサー王と円卓の騎士の絵もある。アーサー王は、フランク王国のカール大帝（シャルルマーニュ）、第一回十字軍を率いたゴドフロア・ド・ブイヨンと並び、「キリスト教国の三大王」となっている。「ケルト」のヒーローがキリスト教の盟主になっているのが面白い。その横にはパーシヴァル、ガウェイン、イヴェイン（イヴァン）の三人の騎士の雄姿も見える。

トリスタンとイゾルデの物語が描かれた「トリスタンの部屋」、アーサー王と騎士たちの食事風景のフレスコ画がある「ガレルの間」などもあり、イタリアでアーサー王伝説とふれ合うことのできる貴重なスポットといえる。

［アクセス］ボルツァーノの中心部にあるヴァルター広場（Piazza Walther）から市営のロンコロ城行き無料シャトルバスが運行されている。

Ⅲ

イギリス

〈イングランド〉

コルチェスター

古代のイギリス本島——。北部スコットランドにはケルト系と思われる謎めいたピクト人(Picti)、イングランドとウェールズにはケルト系ブリトン人(Britons)の諸部族がそれぞれ領土を保持して定住していた。ローマ帝国が属州ブリタニア(Britannia)を設けた紀元四三年当時、大きく分類して一七のブリトン人部族がいたことが確認されている。彼らは大陸のガリア語とよく似たケルト語の一種、ブリトン語を話していた。

じつはイギリス本島にはオッピドゥムがきわめて少ない。狭義でオッピドゥムに当てはまるのはイングランドにある次の七か所だけ。

東部エセックス州のコルチェスター(Colchester)、南西部グロスターシャー州のバジェンドン(Bagendon)、南部ハンプシャー州のシルチェスター(Silchester)とおなじく南部ウエスト・サセックス州のチチェスター(Chichester)、北部ノース・ヨークシャー州のスタンウィック(Stanwick)、ロンドン北部ハートフォードシャー州のセント・オールバンズ(St Albans)、ロンドン北西部バッキンガムシャー州のグリムズ・ディッチ(Grim's Ditch)。

オッピドゥムに類するものを含めても、一三か所しかない。それもほとんどがイングランドの南部に集中している。大陸で芽吹いた本家本元の「ケルト」とのちがいがこんなところにも表れているのが目を引く。

これらのなかで一番、規模の大きなオッピドゥムが、現在のコルチェスターに築かれたものである。コルチェスターは首都ロンドンの北東約八三キロに位置する人口約一八万人の商業都市で、ロンドンから快速電車に乗れば一時間ほどで行ける。市街地は北海にそそぐコルネ川の南側にひろがっている。

紀元前一世紀末、この地にオッピドゥムが建造された。エリアは、北端がコルネ川、南端が約五キロ離れたローマ川まで。東端がコルネ川の南下したところで、西端がそこから五キロほど西方の地点に南北に平行的につくられた三つの土塁(土手と溝)まで。土塁の総延長距離は二五キロにもおよんだ。

このオッピドゥムはヨーロッパ大陸で見られる確固とした外壁がなく、川と土塁が防御壁の代わりを果たしていた。ひろさは二五〇〇ヘクタールにも達し、なんと千葉県の印旛沼とほぼおなじ面積になる。本書で紹介したドイツにあるマンヒンク(三八〇ヘクタール)の広大なオッピドゥムの六・五倍もあるのだから、けた外れといえる。

居住者はトリノヴァンテス族(Trinovantes)で、オッピドゥムはカムロドゥヌム(Camulodunum)という名の主邑だった。意味は「カムルスの砦」。カムルスはブリトン人の戦いの神といわれている。この地にどれくらいの住人が暮らしていたのかは定かではない。

紀元前五年~紀元四〇年、西隣に領土を有していたカトゥウェラウニ族(Catuvellauni)の族長クノベリヌス(クノベリン)がトリノヴァンテス族を支配し、この地に王座を置き、南イングランドのほぼ全域を統括した。王座は現在の市街地の南西部、ゴスベックス(Gosbecks)地区にあった。

それまでイングランド南東部の中心地はカトゥウェラウニ族の主邑ウェルラミオン(Verlamion、現在のセント・オールバンズ)だったが、カムロドゥヌムがそれに取って代わり、両部族がそこで共存するようになった。クノベリヌスはローマ帝国と友好関係を保ち、やがてローマから「ブリテンの王」と呼ばれるようになった。劇作家ウィリアム・シェイクスピア(一五六四年~一六一六年)の戯曲『シンベリン』のモデルにもなっている。

この時期がオッピドゥムの全盛期だった。農業が主産業で、畑と牧草地がひろがっていた。ゴスペックス地区で広大な農園跡が確認されている。北のコルネ川沿いのシーペン(Sheepen)地区は金属加工、陶器製造、コイン鋳造などの産業エリアで、大陸との交易拠点でもあった。穀物、金、銀、鉄、皮革、奴隷、猟犬などがローマ向けに輸出され、ワインや飲料容器、オリーヴ油、ガラス製品、宝石などの高級品を輸入していた。北西部のレックスデン(Lexden)地区が埋葬地に当てられていた。

クノベリヌスには三人の息子がいた。イングランド南東端のカンティアキ族(Cantiaci)の領土(現在のケント州)を支配していた長男アドミニウスが紀元四〇年、なんらかの理由で父王によって追放され、ローマのカリギュラ帝に庇護を求めたことから、ローマ軍がイギリス本島への侵攻を計画した。ところが、直前になって中止された。

その後、クノベリヌスが亡くなると、反ローマ感情を抱く二人の弟トゴドゥムヌスとカラタクスが領土を二分して治めた。南西に隣接する新ローマ派のアトレバテス族(Atrebates)をカラタクスが攻略するや、アトレバテス族の族長ヴェリカがローマに逃亡し、新しい皇帝クラウディウスに援助を求めた。これがローマ帝国の本格的なイギリス本島侵攻の引き金となった。

四三年の初夏、御年五〇歳、戦歴ゼロのクラウディウス帝が自ら総勢四万~五万の兵を率いてイギリス本島へ上陸した。このとき象を引き連れてきたという。ユリウス・カエサルのイギリス本島遠征からほぼ九〇年後のことだった。

圧倒的な軍事力を誇るローマ軍に対し、トゴドゥムヌスとカラタクスの兄弟はゲリラ戦で果敢に抵抗したが、トゴドゥムヌスはあえなく戦死し、カラタクスはウェールズへ逃れ、その後、北イングランドのブリガンテス族(Brigantes)の領土へ向かった。しかしローマ寄りの女王カルティマンド

コルチェスターの市街地に残っているローマの壁

ゥアの裏切りによってローマ軍に引き渡され、捕虜としてローマに護送された。本来なら、すぐさま処罰が下るはずなのに、「わたしの安全を保障してくれるのなら、ローマの寛大さは永遠に伝わっていくでしょう」という名演説をぶち、処刑を免れてローマで余生を送った。つくづく運のいい人物である。

この年、クラウディウス帝は属州ブリタニアの設立を宣言し、カムロドゥヌムは皇帝の名にちなみ、コロニア・クラウディア（Colonia Claudia ＝クラウディウス帝の植民市）と名が変わった。これがイギリス本島で最初の町となった。四七年にはイングランド南部がすべてローマの軍門に下り、ブリトン人諸部族の主邑が次々とローマ風に改名された。

コロニア・クラウディアでは、北東部の高台にローマ軍団の基地が設けられ、その周囲に議会場、公会堂などが相次いで建てられ、上水道も敷設された。そこが今日のコルチェスターの中心部になっている。さらに南側に五〇〇〇人収容の野外劇場やローマ風の農園(荘園)ができ、しだいにローマの町へと変貌を遂げていった。

五四年にクラウディウス帝が死去したあと、皇帝を崇める巨大なクラウディウス神殿が建造された。さらに八つの神殿、四〇を超える陶器製造所、いくたのガラスと金属の工房もつくられた。

多くのローマ人がこの町に住み着くようになった。人口はブリトン人(トリノウァンテス族とカトゥウェラウニ族など)が約一万五〇〇〇人、ローマの入植者が二〇〇〇人ほどと推定されている。ローマ人の多くが退役軍人だったという。

一見、平和な共存状態がつづいていたが、六〇年にコロニア・クラウディアは悲劇に見舞われた。北に隣接する地で定住していたイケニ族(Iceni)の族長の妻、ボウディッカがローマに反旗をひるがえし、ローマ軍の中枢が駐屯するこの町を襲撃したのである(＊コラム「女傑、ボウディッカの反乱」を参照)。

ローマの退役軍人の横暴な振る舞いと虐待に苦しんでいたトリノウァンテス族も蜂起に加わり、街は焼き尽くされ、焦土と化した。重税とブリトン人の奴隷酷使によって建造されたクラウディウス神殿が攻撃目標となり、そこに避難してきたローマ人が皆殺しにされ、神殿も焼き払われた。

ローマ軍は反乱を鎮圧させるや、迅速に町を復興させせた。防御面を重視するために外壁を張り巡らせた。それがイギリス最古の防御壁といわれ、いまでも三分の二が残っている。現在のコルチェスターはこのときの都市計画が基盤になっている。

城壁内にはブリトン人の足跡がほとんどなく、「ケルト」の息吹が消え去ってしまっている。考古学公園になっているゴスベックス地区だけが唯一、その名残を留めているといえよう。実際、この考古学公園でたたずんでいると、広大なオッピドゥムの情景がなんとなくイメージできた。

ローマ帝国がイギリス本島から撤退した四一〇年ごろまで町は存続し、その後、北ドイツ辺りから渡来してきたゲルマン人の一派サクソン人(Saxon)がこの地へたどり着き、コルネセスター(Colneceaster)と名前を変えた。古英語で「コルネ川の砦」という意味。それがコルチェスターの名に転訛した。しかし、サクソン人が定住しなかったので、町はしだいに衰退していった。

コルチェスターは、イギリス最古のローマの町として、そしてボウディッカに焼き払われた町としてのイメージが強い。しかしイギリス最大のオッピドゥムがこの町に存在していたことは記憶に刻んでおきたい。

……………………………………………

[コラム]「バッサー古代農園」

ブリトン人の生活を調査するため、一九七二年、考古学のピーター・レイノルズ博士によって南イングランドのハンプシャー州東部に設立された野外実験施設がバッサー古代農園(Butser Ancient Farm)。紀元前三〇〇年ごろの集落が再現されており、カヤ葺きの丸い木造家屋(ラウンドハウス)は、

ブリトン人の生活を再現したバッサー古代農園

ウィルトシャー州の遺跡で発見された建物跡のデータを忠実に復元したものである。

野外では、当時とおなじ方法で牛、豚、羊、ヤギなどの家畜が飼育され、大麦、小麦、豆、ハーブなどが栽培されている。編み枝でつくられた柵のなかで、鉄器時代に飼いならされていたソーア、マンクス、ロータンといった数種類の羊が飼育されている。ヒルフォートで使われていた食物貯蔵用の穴(深さ約二メートル)が掘られており、鉄、青銅、土器、炭も当時の製法にのっとってつくられている。

野外教育の一環としてイギリス全土の学校から児童、生徒がこの施設を訪れ、実際にラウンドハウスを建てたり、作物を収穫したり、コインを鋳造したりして体験学習を積んでいる。毎年五月一日、夏のはじまりを祝う古代ケルトのベルティネ祭には、編み枝の巨大な人形ウィッカーマンを燃やし、豊作を祈念しているそうだ。この農園に足を踏み入れた瞬間、古代へタイムスリップし、ブリトン人の息吹に浸れる。

［アクセス］ロンドンのウォータールー駅から電車で約一時間、ピータースフィールド(Petersfield)へ。駅前からタクシーを拾うのが便利。

メイドゥン・カースルとデーンベリー・カースル

イングランド南西部、ドーセット州の州都ドーチェスター（Dorchester）の街中から南へ伸びるウェイマス・ロードをそぞろ歩いていくと、モーンベリー・リングス（Maumbury Rings）という長円形の土塁に出くわした。この奇妙な造形物は新石器時代後期（紀元前二五〇〇年ごろ）につくられたもので、後年のローマ支配期（紀元一世紀）には野外劇場として使われていた。

その古代遺跡の少し先が二股道になっており、右手のメイドゥン・カースル・ロードをどんどん突き進んでいくと、主要国道A三五号線を超えた辺りから左手前方に巨大な丘が迫ってきた。それが目的地のメイドゥン・カースル（Maiden Castle）である。ドーチェスターの市街地から南西へ約二・六キロの地点。

坂道を登り切り、幾重もの土塁の壁をくぐり抜けると、一面、緑の平原がひろがっていた。まるでサッカー場みたいだ。丘は北東から南西へかけて細長く伸びており、大きさは甲子園球場のざっと五倍の約二〇ヘクタール。丘の高さは四〇メートルほどで、一番高いところで海抜が一三三メートル。

濠（溝）がV字型に深く掘られており、土手は三重になっている。深さ一・五メートル〜七メートルの濠の底から土手のてっぺんまで最大で八・四メートルもある。一番内側の土手をぐるりと一周し、四囲を眺めると、のどかな田園地帯が延々とひろがっていた。南六キロほどにイギリス海峡があり、海岸線らしき平地がうっすらとのぞめる。

ここはオッピドゥムならぬ、ヒルフォート（Hillfort）と呼ばれる丘砦である。オッピドゥムとヒルフォートはどう異なるのか。「序」でふれたが、もういちど説明しておく。

オッピドゥムは、主にヨーロッパ大陸でラ・テーヌ期以降にガリア人などケルト系住人が定住していた要塞集落（一部、都市化）のことで、ヒルフォートはイギリス諸島で青銅器時代後期から鉄器時代をつうじての大規模な集落、あるいは避難地のこと。住人の大半がケルト系のブリトン人かゲール人だった。

オッピドゥムも広義でいえば、ヒルフォートであり、正直、一見、区別がつきにくい。ヒルフォートは権力者の居住地といったニュアンスが強く、「都市」とは言いがたい。それに必ずしも丘のうえにあるとはかぎらず、岬、海辺、川辺に立地するケースも見られる。ヒルフォートはイギリス本島、あるいは島の「ケルト」を考えるうえで無視できない居住地なのである。

イギリス（連合王国）では、二〇〇〇近いヒルフォートが確認されている。イングランドに一二二四か所、ウェールズに六〇〇か所、スコットランドに五〇か所、北アイルランドに三二か所。防御の囲いがある居住地を含めると、三三〇〇か所にも達するそうだ。

そのなかで最大のヒルフォートがこのメイドゥン・カースルである。新石器時代中期（紀元前三八〇〇年ごろ）から人が暮らしており、砦となったのが鉄器時代初期（紀元前六〇〇年ごろ）から。当初は六・四ヘクタールほどしかなく、濠も一つだけだった。このときから入り口は東西に二か所あった。

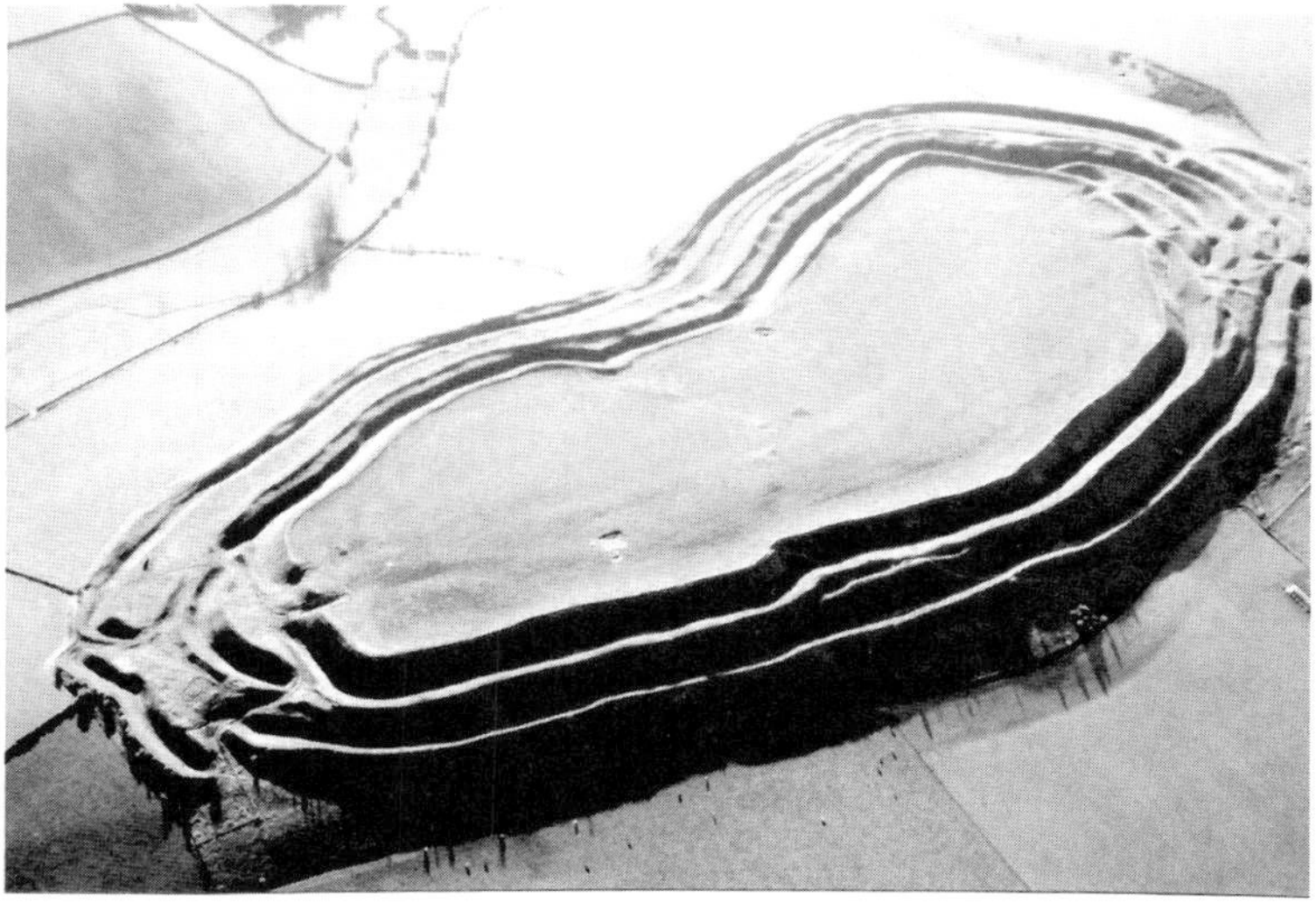

イギリス最大のヒルフォートといわれるメイドゥン・カースル

その後、なんらかの理由でいったん放棄されてから、同四五〇年、二度にわたって大幅な補修と西への拡張がおこなわれ、それが今日、目にする形になっている。この時期に三重の濠が掘られ、土手の高さも三・五メートルになり、東の入り口がよりいっそう複雑な形態を示すようになった。それは防御面だけでなく、権威の象徴の意味合いがあったのかもしれない。周囲の小さなヒルフォートが見捨てられ、メイドゥン・カースルへの人口集中が加速したのもこのころだと考えられている。

このヒルフォートに住んでいた部族は、周囲一帯を領土にしていたブリトン人のドゥロトリゲス族(Durotriges)。西側のコーンウォールにドゥムノニイ族(Dumnonii)、東には今日のベルギー辺りから移住してきたとみられるベルガエ族(Belgae)、そしてブリストル海峡を隔ててウェールズ南東部にシルレス族(Silures)の領土があり、監視の目をゆるめることができなかった。そのため領内に三一ものヒルフォートが建造され、その中心となったのがメイドゥン・カースルだった。

ドゥロトリゲス族は丸い木造家屋に住み、農耕を中心に交易、金属加工や陶器などの生産で暮らしていた。大きな家屋は族長(首長)の家族やエリート層の住居だった。彼らが信奉していたのは、〈コルチェスター〉の章でふれた、戦いの神カムルスだった。当時、どのくらいの人が定住していたのかはわからず、族長についても謎に包まれている。

紀元前一〇〇年ごろ、理由は定かではないが、砦の西側が放棄され、東側に集落が移行したらしい。ウェールズや近隣地域から運ばれてきた鉄鉱石を使って大々的に製鉄がおこなわれていたことが確認されており、この時期、南イングランドでもっとも重要な鉄の生産地であったと推定される。

前述したように、紀元四三年~四七年、ローマ帝国のクラウディウス帝の命令でローマ軍がイギリス本島への侵攻を展開した。従来の説では、ワイト島から上陸してきた、のちの第九代皇帝となる司令官ウェスパシアヌス率いる第二アウグスタ軍団がメイドゥン・カースルをはじめ、周辺のヒルフォートを攻略したとされてきた。しかし最近の調査で、ことメイドゥン・カースルにかぎって言えば、それを証明するものが見つかっていないという。

一九三四年~三七年の発掘調査で見つかった「闘いの墓地」で、明らかに武器によるキズのある遺体が何体も並べられていたのがわかった。そのうち一〇体の頭蓋骨に刀傷があり、一体には背骨に投げヤリの穂先が残っていた。それらはメイドゥン・カースルで戦死したのではなく、他所で亡くなり、この地に埋葬された遺体と考えられている。ヒルフォートの外でローマ軍と一戦を交えたドゥロトリゲス族がローマの強さを実感し、ヒルフォートを明け渡したのかもしれない。

ローマ軍は天然の要塞ともいえるメイドゥン・カースルを破壊しなかったので、ドゥロトリゲス族はそのまま居つづけていた。しかし八〇年ごろ、現在のドーチェスターにローマ風の町が建てられ、彼らの多くが移住させられた。そこは「ドゥロトリゲス族の町」という意味をもつドゥルノウァリア(Durnovaria)と名づけられ、部族の新しい主邑として繁栄した。

それを機にヒルフォートは見捨てられていったが、三七〇年ごろにはローマの知恵と戦いの神ミネルヴァを奉る正方形の神殿が東端に建立され、信仰の場へと変貌していった。その後、宗教的な儀礼の場と牧草地として使われるも、ふたたび入植地としては活用されなかった。四一〇年、ローマ帝国がイギリス本島から撤退すると、しだいにごくふつうの丘として田園地帯のなかに同化していった。

このヒルフォートの名称である「メイドゥン・カースル(Maiden Castle)」は、直訳すれば、「乙女の城」のこと。もともとはしかし、ブリトン語の「大きな丘、砦」を意味する「mai-dun」に由来する説が有力だ。ブリトン人のヒルフォートには、ほかにもこのネーミングが見受けられる。

メイドゥン・カースルの変遷やドゥロトリゲス族、ローマ軍との戦いなどについてはドーチェスターにあるドーセット州立博物館で展示・説明がなされている。

南イングランドでもう一つ特記すべきヒルフォートがある。それはメイドゥン・カースルから北東へ約八三キロ、ハンプシャー州にあるデーンベリー・カースル(Danebury Castle)。海抜一四三メートルの丘のうえにあり、土手と濠で囲まれた内部はほぼ円形で、敷地は甲子園球場よりも少しひろい約五ヘクタールと小振りである。

現在、羊の放牧地になっているこのヒルフォートに、ケルト学の権威といわれるイギリスの考古学者バリー・カンリフ博士の研究チームが一九六九年~八八年、学術的なメスを入れ、鉄器時代の暮らしぶりが鮮明によみがえってきた。こんなに濃密に調査されたヒルフォートはほかにはないといわれている。

調査結果によると、紀元前五五〇年ごろに建造され、同一〇〇年ごろに放棄された。もともと東西の二か所に門があったが、同四〇〇年ごろ、安全面から西門が閉ざされ、東門だけとなり、土手とV字型の濠を張り巡らせて防御を強化した。濠の底から外壁のうえまで一七メートルもあったという。

首長、その家族、ドルイド(神官)、高貴な者、従者、職人、農業従事者ら三〇〇人~五〇〇人が暮らしていたとみられる。屋根を葦で葺いた居住用の丸い木造家屋と高床式の四角い穀物倉庫がいくつも建ち並び、牛、豚、羊などの飼育場と大麦と小麦を栽培する畑があった。驚くべきことに、穀物の種を保存するための穴が五〇〇〇か所も掘られていた。土中で密閉すると、酸化が抑えられ、種が一年ほど保存できたという。

全容がほぼ解明されたデーンベリー・カースル

部族が信仰する神々を奉る小さな祠も四つあったのが確認されている。さらに一八万個の土器破片、二四万個の動物の骨、一万一〇〇〇個の投石器用の小石、生活用品や装飾品などおびただしい数の出土品が見つかった。あまたの頭蓋骨は敵の部族から得た「戦利品」と思われ、頭に執着するケルト系部族の特徴を裏づけているようだ。

イタリアから輸入されたワインとアンフォラ(陶器製ワイン収納器)の断片はヒルフォートが放棄される直前の紀元前一〇〇年ごろのもので、地中海地域との交易が盛んだったことを物語っている。主な輸出品は金細工、狩猟犬、ブリトン人の奴隷だった。交易を仕切っていたローマ商人は、勢力を拡大しつつあったローマの支配地での建設ラッシュに対応するため、とりわけ奴隷を欲したのであろう。

こうしたヨーロッパ大陸との関わりが大きく影響し、ヒルフォートの住人が丘に住む必要がなくなってきた。やがて平地へ移りはじめ、デーンベリー・カースルが見捨てられたと考えられている。いわば時代の流れである。

出土品の一部は、ヒルフォートの北北東約一〇キロにあるアンドーヴァー(Andover)の鉄器時代博物館に展示されている。この博物館はデーンベリー・カースルを中心にブリトン人の生活全般について詳しく解説しており、イギリス本島の「ケルト」を知るうえで必見だと思う。

さらにデーンベリー・カースルから東南東へ約五〇キロに位置するハンプシャー州のバッサー古代農園(＊コラム「バッサー古代農園」を参照)をはじめ、ブリトン人が関与していた可能性のある、白亜(石灰質のチョーク)で描かれた全長一一一メートルの「アフィントンの白馬」(Uffington White Horse、バークシャー州)、ブリトン人が信仰儀礼の場に使ったとされる新石器時代の環状直立巨石、ストーンヘンジ(Stonehenge、ウィルトシャー州、世界文化遺産登録)……。

ヒルフォートだけでも、イングランド南部のウェセックス(Wessex)地方だけで一一二一か所もある。この地域はイギリスにおける古代「ケルト」にからんだ遺跡の宝庫といえる。

[コラム] 「女傑、ボウディッカの反乱」

イングランド東部、イースト・アングリア(East Anglia)と呼ばれる地域に古代、ブリトン人のイケニ族の領土があった。紀元四三年、ローマ帝国の属州ブリタニアに組み込まれると、族長プラスタグスはローマと同盟を結び、領土と地位の保全を図った。族長の死に際し、財産と領土の半分をローマ皇帝ネロに、残りを妻ボウディッカ(Boudicca)と二人の娘に相続する旨の遺言を残したのに、ローマがそれを無視し、領土と族長の財産を没収した。ボウディッカが抗議すると、ムチ打ちの刑に処され、娘たちが公衆の面前で凌辱されたのである。

ボウディッカの反乱を解説した展示
(コルチェスター城博物館)

怒り心頭のボウディッカは紀元六〇年、同胞のみならず、隣接するトリノウァンテス族にも呼びかけて蜂起軍を結成し、ローマの植民都市カムロドゥヌム(現在のコルチェスター)を焼き尽くした。さらに商業都市ロンディニウム(Londinium、現在のロンドン)とカトゥウエラウニ族の主邑で、ローマ化していた植民都市ウェルラミオン(現在のセント・オールバンズ)を攻撃した。最終的にはローマ軍に敗れ、彼女は娘に毒を飲ませ、自らも服毒自殺したという。

ボウディッカは大柄で、ふさふさとした赤毛をヒザまで伸ばし、鬼のような形相で強大なローマ軍に立ち向かった。戦いに敗れたとはいえ、「抵抗のシンボル」となり、女傑ボウディッカの名はイギリス史に深く刻まれた。その名はケルトの「勝利の女神」に由来する。

大英帝国全盛期のヴィクトリア女王(一八一九年〜一九〇一年)の名も「勝利」を意味することから、女王死去の翌年(一九〇二年)、ロンドンの国会議事堂前のウエストミンスター橋のたもとに、二人の娘を乗せて二頭立ての戦車を操るボウディッカの像が建てられた。

ボウディッカのことを知りたければ、次の博物館がおススメ。ノリッジ城博物館、イケニ族の集落を再現した野外博物館「イケニ・ヴィレッジ」(ノリッジの西約四五キロ、バスで一時間一〇分)、コルチェスター城博物館。

〈ウェールズ〉
カステル・ヘンリース
地元民は自らの地を「カムリ(Cymru)」と呼んでいるウェールズ。これはケルト語の一種ウェールズ語で「土地の人々、同胞」を意味する「カムリ(Cymry)」から来ている。わたしたちが使っている「ウェールズ(Wales)」は、「よそ者、異邦人」を表す古英語(アングロ・サクソン語)の「ウェラス(Wealas)」に由来しており、立場によって正反対の国名になっているのがじつに興味深い。
ウェールズは、イングランド、スコットランド、北アイルランドとともに連合王国(いわゆるイギリス)を構成しているが、正式名称はウェールズ公国(The Principality of Wales)という。イングラ

鉄器時代の家屋が忠実に復元されたカステル・ヘンリース

ンドの西方に位置し、四国よりもやや小さなこの地は〈ケルト文化圏〉の一員として独自の文化を放っている。

古代には四つのブリトン人部族が定住していた。北西部にオルドウィセス族(Ordovices)、北東部にデケアングリ族(Deceangli)、南西部にデメタエ族(Demetae)、南東部にシルレス族(Silures)。彼らの居住地であるヒルフォートがあちこちに点在しており、その数は約六〇〇といわれている。

それらのなかで、重要な考古学遺跡として綿密に学術的なメスが入れられたのが南西部ペンブロークシャー州ネヴァーン(Nevern)村のカステル・ヘンリース(Castell Henllys)である。村の中心部から東へ約四キロ、カーディガン湾(Cardigan Bay)に面する町ニューポート(Newport)からだと東へ約六・四キロ、高さ一〇〇メートルほどの丘のうえに位置している。

ネヴァーン村から国道A四八七号線を歩いていくと、「Castell Henllys Iron Age Fort（カステル・ヘンリース　鉄器時代の砦）」の表示板が見えてくる。英語表記のうえには、「鉄器時代の砦」を意味するウェールズ語の「Bryngaer Oes Haearn」。ウェールズでは公共の表示はすべて英語とウェールズ語が併記されている。

そこを左へ折れ、しばらく坂道を下っていくと、カステル・ヘンリースにたどり着く。周りにはうっそうとした木々が生い茂っており、少し不気味な感じすら覚える。

野外の考古学公園なので、入場料が必要。受付からドゥアド川沿いの土道を歩き、少し傾斜のある坂道を登り切ると、道の両側に丸太の杭が打ち込まれた入り口に達する。門はない。そこを入ると、平地がひろがっており、瞬時に二〇〇〇年以上前の先史時代にタイムスリップできる。

カステル・ヘンリースは、ヨーク大学の考古学チームが調査結果にもとづき、当時の定住地をほぼ忠実に復元したものである。居住者はデメタエ族。青銅器時代後期（紀元前一〇〇〇年ごろ）から鉄器時代末期（紀元前六〇年ごろ）まで存続していたとみられる。紀元前五〇〇年ごろから約一〇〇年間に建造された家屋が一九八一年以降、相次いで発見され、さらに紀元一世紀からのローマ支配期の農園跡も西側の平地で見つかった。

ひろさは全体で約九ヘクタール。ウェールズのヒルフォートは概して、イングランドのヒルフォートにくらべて小さい。居住空間は船形をしており、南北が六〇メートル、東西が八〇メートル。

そこに首長の親族、彼らに仕える者とその家族ら一五〇人程度が暮らしていたと推定されている。規模からしてヨーロッパ大陸のオッピドゥムとはほど遠く、集落と表現するほうがいいかもしれない。

天然の防御機能を有するドゥアド川以外の部分に防御柵が張り巡らされていた。中心の居住エリアの周りは濠が掘られ、土と木で強固な防御壁が施されていた。北側には騎兵や戦車(武装馬車)の攻撃を防ぐため、無数の尖った石を土中に埋めた痕跡が発見されている。これはヨーロッパ大陸ではよく見られるが、イギリス本島ではきわめて珍しいという。日本語では「忍び返し」といわれている。

ここまで防御面に力を入れていたということは、デメタエ族内での抗争がよほど頻繁に繰り返されていたのかもしれない。それと防御機能はステイタスのシンボルでもあり、かなり高貴な人物の居住地であったのがうかがえる。

当時、葦を使ったカヤ葺き屋根の丸い木造家屋(ラウンドハウス)が十数棟建っていたようである。家屋の壁は、粘土、ワラ、馬の毛、牛糞を混ぜたものに、細工した柳の枝が埋め込まれていた。当然ながら、身分によって住む家が異なっており、一夫多妻制だったので、妻となった女性たちの家もあったという。

考古学データによって五棟が復元されている。直径が一〇メートル以上もある一番大きな建物は首長の家族の住居で、ほかは一般の家が二棟、そして鍛冶の作業場と食糧倉庫。カヤ葺きが地面に接している家屋は、なんだか巨大なキノコのように見える。

首長の住居に入ると、室内の真んなかにある囲炉裏に薪が燃やされていた。もうもうと立ちのぼる煙は天井を覆っているカヤから屋外へと逃れていくので、思いのほか通気性が良い。それに暖かい。囲炉裏の周りに配置された丸太は長イス代わりで、食事の場であり、団欒の場として活用されていた。室内の隅にベッドもある。

受付で入手した説明書によると、食事はハーブ(香草)を添えた野菜や穀類の煮物が多く、肉類は特別な日しか口にしなかったという。どの家にも機織りの道具があり、調度品もいろいろ備えられている。なかなか暮らしやすそうだ。

住居ゾーンの西側に再現された農園では、実際に小麦、大麦、ソラ豆、エンドウ豆などのほか、薬や染料として使われる大青《タイセイ》やヨモギグサが栽培されていた。鉄器時代には奴隷が牛やヤギなどの家畜を世話し、そうした家畜飼育の補助として、またオオカミ除けのために大型犬が飼われていた。生活水は、居住エリアの西側にある泉から取られていた。

カステル・ヘンリースはペンブロークシャー海岸国立公園(Pembrokeshire Coast National Park)に含まれている。野外博物館としての教育機関だけでなく、考古学研究のトレーニングの場としても活用されており、イギリス国内ではよく知られた先史時代の遺跡である。

ここに来たら、ぜひとも立ち寄ってほしいところがある。カステル・ヘンリースから南へ約四キロ、緑の丘が連なるプレセリ・ヒルズ(Preseli Hills)にあるペントレ・イファン(Pentre ifan)。紀元前四五〇〇年ごろの新石器時代につくられた巨大なドルメン（墳墓）で、ウェールズで一番、保存状態が良いといわれている。

六つある立石のうち、三つの石によってテーブル状の冠石が支えられている。絶妙なるバランスを保っている形状にまず目が奪われる。冠石は長さ五メートル、幅二・四メートル、厚さ九〇センチ、重さが一六トン。それが地面から二・五メートルのところで宙に浮いているように感じられる。

それだけではない。石全体が碧《あお》みがかっており、なんとも神秘的に見えるのである。苔かなと思って近づいてみると、実際に碧かった。近くで採石されたブルー・ストーン（水成岩）が使われており、それがあのストーンヘンジでも活用されているという。

かつては長さが四〇メートルの大きな盛り土だったが、土を取り除いたら、このドルメンが現れたという。この地下に五〇人以上の男女が埋葬されていた。

ウェールズもご多分にもれず、紀元四三年にローマ帝国に侵攻されたが、それは主にイングランドに近い南東部で、カステル・ヘンリースがある辺境の西部にまでローマ軍は進軍してこなかった。六世紀はじめにウェールズという〝国家〟が誕生して以来、ヨーロッパ大陸の北部から渡来してきた新たな侵略者のゲルマン系アングロ・サクソン人や北欧のヴァイキングの度重なる攻撃に遭い、一一世紀以降はノルマン王朝のイングランド王国による侵略が頻繁になった。

混乱状態にあったウェールズのほぼ全土を掌握したスウェリン（ルウェリン）・アプ・グリュフィズ（一二二五年～八二年）が一二五八年、自ら「ウェールズ大公（プリンス・オヴ・ウェールズ）」であると宣言し、イングランドへの徹底抗戦を敢行した。ところが激戦のさなかに戦死したことで、ウェールズはイングランドの属国となり、一五三六年に統合法が制定され、イングランドに併合された。

ウェールズに点在する「ケルト」関連スポットや古戦場に足を踏み入れると、イングランドをはじめ、異邦人の侵略に対してとことん抵抗を貫いたウェールズ人の熱い気概が感じられる。それが「ケルト人魂」なのであろう。

〔コラム〕「アーサー王の円卓!?　カエルレオン」

アーサー王――。ローマ帝国がイギリス本島を撤退した五世紀、北ヨーロッパから渡来してきたゲルマン系アングロ・サクソン人に抵抗した勇敢なケルト系ブリトン人戦士をモデルにして生み出された「ケルト」の英雄である。ウェールズには、イングランド最西端のコーンウォールと同様、アーサー王伝説の関連スポットが点在している。

その一つが南東部の町ニューポート(Newport)の中心部から北東へ約五キロのカエルレオン(Caerleon)である。ここがアーサー王に忠誠を誓った騎士たちが一堂に会する円卓と信じられてきた。つまりアーサー王が築いたとされる国の都キャメロット(Camelot)の有力候補地となった。

最大径が五六メートル、最小径が四一メートルの大きな長円形緑地の周りを土塁が取り囲んでおり、

アーサー王の円卓と考えられていたローマの野外劇場

土塁の下部にはレンガが積まれている。見た目が円卓にそっくり。もしそうならば、アーサー王と騎士たちは巨人だったわけである。

歴史的には、紀元九〇年にローマ軍が建造した野外劇場。土塁が観客席で、六〇〇〇人収容できた。くぼ地のアリーナでは、動物と人間との格闘、軍事パレード、訓練などがおこなわれた。この北側にローマ軍の兵舎跡が残っている。

カエルレオンは、ブリトン人のシルレス族を打ち破ったローマの第二アウグスタ軍団の司令部が置かれ、三〇〇年に撤退するまで、ウェールズににらみをきかす軍事拠点だった。当時はイスカ・アウグスタ(Isca Augusta)と呼ばれていた。

[アクセス]ニューポートからバスで約三〇分。

〈スコットランド〉

バーグヘッド

古代のローマ人からカレドニア(Caledonia)と呼ばれていたイギリス北部のスコットランド。そ

の地は、古代の末期から中世の初期にいたる時代が神秘のベールに包まれている。なぜなら確固とした国が存在せず、史料にも乏しいからで、それゆえ「暗黒時代」とも称されている。一般には、ローマ帝国のイギリス本島撤退の紀元四一〇年からスコシア(Scocia = スコットランド)という国名が生まれた一一世紀前半までの期間に相当する。

そんなスコットランドの先住民がピクト人で、北部のハイランドにひろく定住していた。ハイランドは、東部のフォース湾と西部のクライド湾を結ぶ線から以北のエリアである。

三世紀末、イングランド北部まで侵攻してきたローマ軍の兵士が、北方の蛮族を総称し、その風貌から「ピクト人(Picti)」と名づけた。それは「彩色を施した人、刺青を入れた人」というラテン語。しかしすべてのピクト人がこうした習俗を採り入れていたとはかぎらないという説もある。

「スコットランドの謎の民族」といわれているように、ピクト人の実態がはっきりしていない。定説では、スコットランド北部に住んでいた諸部族の子孫ということになっている。彼らは固有の文字をもたなかったが、話し言葉のピクト語は本来、インド＝ヨーロッパ語族とは異なっていたといわれている。しかし、ブリトン語によく似たケルト語（ブリトン語群）も使っていたとみられ、「ケルト人とはケルト語を話す人たち」という定義に従えば、ピクト人は一応、ケルト系ということになる。

紀元一世紀ごろには一〇数部族がいたらしい。三世紀になると、中枢のエリアが今日のハイランド東部のマレー州とアンガス州に二分されていった。生活圏はしかし、シェットランド諸島とオークニー諸島などを含めハイランドのほぼ全域にわたっており、とりわけ東部で勢力を誇っていた。

ピクト人の存在は六世紀以降、徐々にきわ立ってきたが、西方から少しずつ勢力を拡張してきたケルト系スコット人（Scoti）とまじわるなどして九世紀末には希薄になってくる。一〇世紀に入ると、ピクト語自体も、スコット人の話すゲール語に取って代わられ、歴史の闇になかに埋没していった。

アンガス州北部の町ブレッヒン（Brechin）に、ピクト人の歴史、文化、伝統、風習などすべてを網羅した博物館「ピクテイヴィア（Pictavia）」がある。そこはスコットランドの古代を知るうえで欠かせないスポットなので、ぜひ訪れてほしい。

ピクト人が暮らしていた家屋が現在、ハイランドと島々で目にすることができる。それはドライストーン（乾石）の石塁を積んだ円筒形の建物で、ブロッホ（Broch）と呼ばれており、日本語ではしばしば「円塔」、大きなものは「城塞」と訳されている。

「ピクト人の都」と称されるバーグヘッド

シェットランド諸島には、メインランドの中心地ラーウィック近郊にあるクリッキミン(Clickimin)、南部のムーザ(Mouse)、最南端のオールド・スキャットネス(Old Scatness)、オークニー諸島のメインランドにあるガーネス(Gurness)、外ヘブリディーズ諸島のルイス島にあるキャロウェイ(Carloway)などが知られている。

オッピドゥムに相当する要塞のような大集落もあった。その代表的な場所がマレー湾に面するマレー州北海岸のバーグヘッド(Burghead)である。バーグヘッドの「バーグ(Burgh)」とは、そのものズバリ、「ブロッホ」のこと。マレー州の中心地エルギン(Elgin)から西北西約一〇キロに位置している。

バーグヘッドへはエルギンのバス・ターミナルからバスで向かった。道路の両側に累々とひろがっている大麦畑を抜けると、目的地が見えてきた。「Pictish Capital（ピクト人の都）」の表示を目にしたときはさすがに胸がときめいた。

二五分ほどバスに揺られ、人口約一七〇〇人のバーグヘッド村で下車。碁盤の目状の整然とした村を北へ七〇〇メートルほど突き進むと、岬に達した。その先端がピクト人の大集落地のあったところである。しかし平らな草地がひろがっているだけで、残滓がほとんど見当たらない。軍事用のトーチカのような白亜のビジターセンターに足を踏み入れると、バーグヘッドの概要を解説するミニ博物館になっていた。

館内に三世紀末の大集落を再現した模型とイラスト画があった。それらを見ると、岬の先端がぐるりと石塁の壁に囲まれており、敷地内も壁で南北に二分されている。北側が低く、南側が高い。東側の内陸部にも三重の防御壁と溝が施されており、どうみても要塞である。まさにスコットランド版のオッピドゥムのようだ。

ひろさはしかし、三ヘクタールほどで甲子園球場よりも小さい。不思議なことに、ブロッホのような石塁を積んだ建物ではなく、土壁でできた円形と直方体のカヤ葺き家屋がびっしり建てられている。農園や家畜の飼育場なども見られる。しかしいくら探しても、地名の由来になったブロッホがない。家屋の数が少ないのは、居住地が初期の段階だからであろうか。

この集落に族長（王？）、農夫（戦士）、職人、下僕とその家族が暮らしていた。肥沃な土地から収穫される大麦や小麦などの穀物、周囲に生い茂っていた森林の木々、イノシシや野ウサギなどの狩猟、マレー湾で採れる海の幸、さらに交易で輸入したワインや絹などの産物が住人の暮らしを支えていた。

ビジターセンターの目玉展示ともいえるのが雄牛を描いたシンボル・ストーン（＊コラム「シンボル・ストーン」を参照）。それがひときわ存在感を放っていた。突進しそうな猛々しさから権力と富の象徴であるのはまちがいない。族長はよほどパワーのある権力者だったのだろう。その人物はだれなのか、具体的な名はわかっていない。それにどれくらいの人が住んでいたのかも不明だ。しかし要塞のような堅牢な構造と規模からして、バーグヘッドはピクト人最大の集落と考えられている。

三世紀から建造がはじまり、その後次々と拡張され、六世紀に要塞化された。七世紀にはハイランド東部のキリスト教の中心地となり、修道院やチャペルが建てられた。このように発展してきたバーグヘッドに八〇〇年ごろ、北欧からヴァイキングが来寇し、攻撃された。なんとか要塞はもちこたえたものの、一〇世紀ごろまでに見捨てられた。

バーグヘッドのような権力者が居住した大集落はほかにもある。ネッシーで知られるネス湖のほぼ真んなかに位置するアーカート（Urquhart）もそうだ。当時、エアドカーダン（Airdchardan）と呼ばれ、エムカスという名のピクト人の豪族の居住地だった。この人、スコットランドにキリスト教を伝えたアイルランドの修道僧、聖コロンバ（五二一年〜五九七年）によって家族ともども洗礼を受けている。このあと聖コロンバがネス湖から流れるネス川で首の長い水竜と出会ったといわれている。

五六五年のこと。それがネッシー目撃の第一号となっている。

オークニー諸島メインランドの北西部、四〇〇メートルほどの沖に浮かぶバーゼイ島(Birsay)もピクト人の一大拠点だった。正式な島の名称は、ブロッホ・オヴ・バーゼイ(Brough of Birsay)。干潮時には、海底からコンクリートの道が出現し、歩いて島へ渡れる。ひろさが二一ヘクタールもあるので、オッピドゥム並みの規模だ。

七世紀~九世紀にピクト人がこの島で暮らしていた。八〇〇年ごろヴァイキングの来襲に遭っているのだが、両者が共存していたことが遺跡から示唆されている。そもそも「バーゼイ(Birsay)」とは、ヴァイキングの言葉で「要塞」を意味する。

島の西側にある住居跡はほとんどヴァイキング時代のもの。しかしそこからピクト人が使っていたピン、クシ、ガラス製のビーズ、碁盤の目を刻んだゲーム盤などが発見されている。オークニー諸島の中心地カークウォール(Kirkwall)にある博物館タンカーネス・ハウス(Tankerness House)にバーゼイ島やガーネス遺跡の出土品が展示されている。

ブロッホ、シンボル・ストーン、集落跡、その他美術品……。これらピクト人が残した多くの〈遺産〉がスコットランドの原風景のようにも思える。

前述したピクトの殿堂「ピクテイヴィア」のほか、エディンバラの国立スコットランド博物館、インヴァネス博物館、エルギン博物館、本土最北端ハイランド州サーソーのケイスネス・ホライズン博物館などを訪れると、ピクト人が放った息吹を体感できるだろう。

【コラム】「シンボル・ストーン」

タカ、ヘビなどの動物(架空の動物も)、ハサミ、手鏡などの道具、円盤、三日月、ZやVなどアルファベット様の線、しばしば十字架やラテン語、オガム文字……。こうした摩訶不思議な文様や図像が刻まれた花コウ岩のスタンディング・ストーン(立石)がスコットランドのハイランド中東部を中心に二〇〇ほど確認されている。つくり手は先住民のピクト人。一般にはシンボル・ストーン(Symbol Stone)と呼ばれているが、ピクト人にあやかって、ピクト・ストーン(Pictish Stone)とも称される。

この石がつくられたのは六世紀～九世紀末。その間、形や文様が変わり、それによってクラスⅠ～クラスⅢの三つのグループに分けられている。初期のクラスⅠは自然石に抽象的な文様や動物の絵が彫られている。クラスⅡはスコットランドにキリスト教がひろまった八世紀から九世紀半ばにかけて創作され、十字架と装飾を組み合わせた図像が圧倒的に多い。クラスⅢはそれ以降のもので、人物が配列され、ひじょうに物語性が強い。

制作意図がよくわかっていないが、土地の所有、婚姻の記録、死者の記念碑ではないかと推定されている。ピクト人が驚くべき想像力で生み出したこれらのシンボル・スト

アバレムノのシンボル・ストーン（クラスⅠ）

ーンと対峙すると、なぜか猛烈に〈ケルト〉を感じてしまう。

アンガス州の州都フォーファー（Forfer）から北東へ約一〇キロ、アバレムノ（Aberlemno）の道路脇に立つクラスⅠとクラスⅡの二つのシンボル・ストーンはひじょうに見ごたえがある。各地の博物館でもこうした石が展示されており、なかでも一堂に集められたアンガス州南部ミイグル（Meigle）村のミイグル彫刻石博物館（Meigle Sculptured Stone Museum）は必見だ。

［アクセス］アバレムノへはフォーファーからローカル・バスで約一〇分。ミイグル彫刻石博物館へは東海岸の中心地ダンディー（Dundee）からバスで約三五分。

ダンバートン

ピクト人が北部ハイランドと島々に勢力を有していたとき、南部のローランド（Lowlands）にはケルト系のブリトン人が定住していた。ブリトン人とは〈イングランド〉の章でふれたが、ケルト語の一種ブリトン語を話すケルト系諸部族の総称で、ローランドにも五つの部族がテリトリーを決めて居住していた。ブリトン語はガリア語の兄弟分ともいえる言語で、ウェールズ語、イングランド南西部のコーンウォール語の原型ともいわれている。

ウエスト・ダンバートン州の中心地ダンバートン（Dumbarton）は、ブリトン人のダムノニイ族（Damnonii）の主邑だった。ローマ帝国がイギリス本島を撤退した四一〇年ごろからしだいに要塞化

ブリトン人の牙城となったダンバートン・ロック

され、ここを拠点に強大なストラスクライド王国(Kingdom of Strathclyde)を築いた。ピクト人のバーグヘッドと同様、ヨーロッパ大陸のオッピドゥムやイングランドのヒルフォートとくらべると時代的にかなり遅れているのが特徴である。

「ダンバートン(Dumbarton)」という地名は、「ブリトン人の砦」という意味がある。元来、「ドゥーン・ブレテン(Dún Breatainn)」と呼ばれていた。「Dún」が砦、「Breatainn」がブリトン人のこと。この言葉がブリトン語ではなく、あとで詳しく述べるスコット人がもたらしたケルト語の一種ゲール語なのである。「よそ者」のスコット人が名づけたのだろうか、あるいはその言葉をブリトン人が借用したのだろうか……。

スコットランド最大の都市グラスゴーのクイ

ーン・ストリート駅から西海岸オーバン（Oban）行きのローカル列車に乗り、三〇分ほどでクライド湾の北岸にあるダンバートンに到着する。グラスゴーの北西約二一キロに位置する人口二万人ほどのこぢんまりとした町。一八世紀～一九世紀はガラス工業、その後は造船で栄えた。一九六五年に造船業が衰退すると、一時期、ウイスキー産業が興ったが、現在はグラスゴーへ通勤する人たちのベッドタウンになっている。

「ダンバートンの砦を見たい」。駅前で地元の中年男性に訊くと、「砦？　ダンバートン・ロックのことだね。ここでは城《カースル》と言っているよ」。城なのか……。そう思いつつ、うら寂れた工場が建ち並んでいるところを抜けると、南側の遠方に大きな岩山が目に飛び込んできた。それがダンバートン・ロックだ。まるでクライド湾に浮かんでいるように見えた。

二つの岩山が合体したような形で、大阪府と奈良県の境にある二上山《にじょうさん》にそっくり。てっぺんに建物があるので、たしかに城のようだ。標高はたかだか七三メートルしかないが、黒っぽい玄武岩が妙に威圧感を放っている。ここに人が住みはじめたのが鉄器時代初期（紀元前七〇〇年ごろ）からだという。

ダムノニイ族が領土の最北端にあるダンバートンに拠点を置いたのは、クライド湾とレーヴェン川の二つの水脈が交わる地点で、周囲を見渡せる絶好のロケーションだからである。すぐ北側に勢力を保持していたピクト人とスコット人ににらみをきかすにはうってつけの場所だ。一見するだけで、難攻不落の要塞に思える。

当時の遺物がほとんどないので、いかなる居住地だったのか、どれほどの住人が暮らしていたのか、そういった概要すら定かではない。ただ、岩山という形態からして、オッピドゥムやヒルフォートとはまったく異なっていたのはまちがいないだろう。

ローランドの西部一帯を治めていたストラスクライド王国が歴史上、はじめて登場したのが四五〇年のこと。アイルランドにキリスト教を布教した聖パトリック(三八七年?~四六一年)がストラスクライド王国のセレティックという王に送った手紙にその名が記されていたらしい。

そのころローランドには、ストラスクライド王国のほかにブリトン人の王国が二つあった。王国といっても名ばかりで、実体は部族の領土にすぎなかったが……。

一つはストラスクライド王国の南部からイングランド北西部のカンブリア地方にかけて、ノヴァンタエ族(Novantae)が建てたレゲド王国(Kingdom of Rheged)。もう一つはストラスクライド王国の東側一帯を所有していたヴォタディニ族(Votadini)のゴッドーディン王国(Kingdom of Gododdin)で、現在のスコットランドの〈都〉、エディンバラの岩山のうえにある旧市街がその王国の拠点だった。当時、ディン・エイディン(Din Eidyn)と呼ばれていた。意味は文字どおり、「丘のうえの要塞」。

のちにストラスクライド王国がレゲド王国を吸収すると、イングランド北部を領有していたゲルマン系アングル人(Angle)のノーサンブリア王国(Kingdom of Northumbria)がローランド東部に北上し、七世紀にゴッドーディン王国を滅ぼした。以降、ディン・エイディンが、エディンバラ(Edinburgh)と英語で呼ばれるようになった。

ストラスクライド王国は異民族による攻撃になんども遭いながらもなんとか存続していたが、一一世紀前半、あとで記述するアルバ王国(Kingdom of Alba)に呑み込まれ、六〇〇年の歴史に幕を下ろした。その後、ダンバートン・ロックはスコットランド王国の重要な軍事拠点となった。

一三世紀〜一四世紀のスコットランド独立戦争で、英雄ウィリアム・ウォレス(一二七〇年〜一三〇五年)がイングランド軍に捕まり、ロンドンへ護送される途中、ここでしばらく投獄された。西側の頂上がその場所だったので、「ウォレス・シート(ウォレスの座、Wallace's Seat)」と名づけられている。

さらに悲劇のスコットランド女王メアリー・スチュアート(一五四二年〜八七年)が幼少期、内紛を避けるためにフランスへ渡ったとき一時、ここに身を潜めていた。フランスから帰国後も、反乱軍に追われ、イングランド女王エリザベス一世(一五三三年〜一六〇三年)に庇護を求めようとしたときにもここに立ち寄っている。

現在、目にしている建物群は一八世紀、領主のカセルス伯爵ジョン・ケネディ八世(一七〇〇年〜五九年)が建造したもの。その後、政府が要塞化し、一八六五年まで監獄として使われた。第一次世界大戦と第二次世界大戦ではイギリス軍の駐屯地となったので、第二次大戦中、ドイツ軍の空襲を受けた。現在はスコットランド政府が歴史保存モニュメントとして管理している。

このようにダンバートン・ロックは古代から現代にいたるスコットランドの歴史を濃密に沁み込ませているのである。

一般公開されているのだが、訪れた日はなぜか閉鎖中だった。そこで全体像を目に焼きつけようと北側にある近くの丘から遠望した。左側(東)の平べったい頂上に堅牢な建物が密集しており、その下に厚い壁が取り囲んでいる。二つの峰のあいだにも城壁が施されており、岩山全体が完ぺきな軍事拠点になっているのがよくわかった。

ダンバートン・ロックをしばし眺めていると、ストラスクライド王国を守る多くのブリトン人戦士の幻影が頭のなかに浮かんできた。どういうわけか、戦士たちはみな巨人に見えた。

〈おっ、不思議な……〉

独りごちると、そばにいた小さな男の子が不思議そうな顔をしてぼくを見つめていた。

ダナッド

スコットランドの「暗黒時代」には、ピクト人とブリトン人のほかにもう一つ、ケルト系の民族がいた。それが前述したスコット人である。スコットランドの名前の由来になっているだけでなく、文化と宗教の面でも多大な影響を与えたので、もっとも重要な民族といえるかもしれない。

スコット人の出自はお隣のアイルランド島である。「暗黒時代」は歴史的な事実が曖昧模糊としているので、彼らの渡来についても完ぺきに分かっているわけではない。伝承や言い伝えをまじえて考察すると、だいたいこんなふうになる。

アイルランド島の北東部にあったダルリアダ王国(Kingdom of Dalriada)がスコット人の故郷であ

る。ゲール語を話し、線を刻んだオガム文字を使っていた彼らはローマ人からスコット人と呼ばれていた。ゲール語の話し手だったので、しばしばゲール人(Gaels)と称されることもある。五世紀以降、宗教的にはキリスト教(ケルト教会)を信仰していた。

ダルリアダ王国は弱小国ゆえ、常に周辺の王国や部族の脅威にさらされていた。その状況から脱すべく、五〇〇年ごろ、国王のファーガス二世(ファーガス・モー・マクエルク)率いる一団が海を渡って北西のスコットランド西海岸に上陸し、母国とおなじ名のダルリアダ王国を建国した。その後、ぞくぞくとアイルランド島から同胞がやって来たという。当然、先住のピクト人とのあいだで攻防が繰りひろげられたのであろう。

第二のダルリアダ王国の領土は現在、港町オーバンを中心とした、マル島、ジュラ島、アイラ島などの内へブリディーズ諸島の島々を含むハイランド西部一帯のアーガイル・アンド・ビュート州に該当する。そもそも、「アーガイル(Argyll)」とは、ゲール語で「東のゲール人の土地」という意味がある。西方(正確には南西)にあるアイルランド島に本家本元のゲール人がいたから、そう名づけられた。

その主邑がダナッド(Dunadd)である。オーバンから南へ約三四キロのところ。すぐ北側にスコットランドで屈指の古代(一部中世)遺跡の集積地といわれるキルマーティン(Kilmartin)の谷がある。谷といっても、ひじょうにゆるやかなもので、日本でいえば、盆地のようなもの。そこは新石器時代から中世初期にいたる死者の弔いの場であり、周囲一〇キロ以内に約三五〇の遺跡が点在している。オーバンからキルマーティンまではミニバスが運行されている。

ダナッドは高さ五四メートルの岩山。二つの峰があり、遠目で見ると、ダンバートン・ロックとよく似ている。周りには農家や牧場が点在し、目に優しい牧歌的な光景がひろがっている。丘の北側を流れるアッド(Add)川のほとりにある砦なので、ゲール語で「ドゥーン・アッド(Dun Add)」と命名され、それがダナッドの地名になった。

紀元前一〇〇〇年ごろの青銅器時代末期から人が住んでいたが、歴史の表舞台に出たのは、スコット人が主邑を置いた紀元六世紀からである。時代区分ではすでに中世に相当し、その時期に「ケルト」文化を発信していたのが面白い。ヨーロッパ大陸とくらべ、イギリス本島の辺境地は文化的、経済的にかなり遅れていたことがわかる。

農家の横から伸びている小道を登っていった。井戸や防御壁を通りすぎてから急勾配を駆け上がると、頂上に立てた。北方に茫洋としたキルマーティンの谷がのぞめ、その手前と南側に広大な泥炭《ピート》の湿地帯がひろがっている。その湿原はクリナン・モス(Crinan Moss)という国立自然保護区に指定されており、野生の植物と動物の宝庫だ。

丘のうえに幾筋もの亀裂が走る三畳ほどの平らな岩が横たわっていた。そこに足跡の穴がある。右足だ。事前にキルマーティン・ハウス博物館で入手した資料によると、長さが二四センチ、幅が一〇センチとかなり小さい。この足跡はダルリアダの王族の儀礼に使われていたそうだが、足の大きさからして王族は小柄な人が多かったとみえる。

スコット人の都、ダナッド。岩の足跡は王族の儀礼に使われたという

足跡の左手にイノシシの絵が薄っすらと彫れている。イノシシはパワーの象徴。ピクト人によるものか、あるいはスコット人によるものか。ほとんど判別できないが、オガム文字もある。これは八世紀後半に刻まれた人名らしい。王族の名なのか？

ダルリアダ王国は人口が少なく、領土も狭かった。周りを取り囲むピクト人からすると、王国とは見なされず、国王は単なる族長にすぎなかった。そんな状況下でいかにして新天地のスコットランドに溶け込んでいったのか。そこにキリスト教が大きな力となった。

ここで、〈バーグヘッド〉の章でふれた聖コロンバが登場する。五六三年、コロンバは一二人の若い修道僧と司祭を伴い、アイルランド北部のダルリアダ王国からマル島の南西に浮かぶアイオナ島（Iona）へ渡り、そこを拠点にスコットランド各地にキリスト教を布教していった。

布教の最大の目的がピクト人に対するキリスト教への改宗だった。スコットランドのダルリアダ王国はキリスト教によって勢力を伸ばし、五七四年、族長のアエダン（ファーガス二世のひ孫）が、キリスト教徒になったピクト人の大王ブルードからはじめて王の称号を授けられた。この時点で、ダルリアダ王国が名実ともに王国として認められた。

アイルランドの本家ダルリアダ王国がしだいに衰退していくなかで、第二のダルリアダ王国はイギリス本島の各地やヨーロッパ大陸との交易で大いに栄えた。それによってゲール語とオガム文字がスコットランドにどんどん浸透していった。

ダナッドはなんどもピクト人に占領されたが、ダルリアダの王家は婚姻関係を巧みに利用し、ピクト人の王族に食い込み、八四三年、ケネス・マカルピン王がついにピクト人の王を兼ねた。そしてケネス一世として君臨し、スコット＝ピクト連合王国、つまりスコットランド最初の王国と認定されるアルバ王国を誕生させた。要は小が大を食ってしまった、そんな感じである。

ダナッドは主邑から正真正銘、都となった。その後はしかし、北欧のヴァイキングの脅威が激しくなり、それを避けるために都を東へ約一四〇キロ離れた内陸地のスクーン（Scone）へ移した。そのためダナッドは衰退を余儀なくされ、一一世紀になると、歴史の表舞台から消えていった。

ここで整理しよう。「暗黒時代」の七世紀半ばのスコットランドには四つの異なる民族が鼎立していた。ハイランドのほぼ全域にピクト人、ハイランド南西部にスコット人、ローランド西部にブリトン人、ローランド東部にアングル人。そのうち第五の勢力としてヴァイキングが海岸部を次々と占領し、五つの民族による戦国時代がつづいた。

最終的には、アルバ王国が勢力を伸ばした。一〇一八年にアングル人を駆逐し、スコットランド統一を成し遂げた。つづいて一〇三四年、ブリトン人のストラスクライド王国を吸収し、スコットランド王国へと名称が変わった。そのころ、アルバ王国はスコット人に由来するスコシア(スコットランド)王国へと名称が変わった。

初夏というのに、ダナッドの丘には肌寒い風が吹きつけていた。全天、厚い雲に覆われ、ときおり小雨が降りそそいでくる。廃墟といおうか、岩山と化した古の都には言い知れぬ寂寥感が漂っていた。でも、ここはまぎれもなくスコットランド揺籃《ようらん》の地なのである。

〈北アイルランド〉

ナヴァン・フォート

アイルランド島北東部のイギリス領北アイルランド。その南部に位置するアーマー州の州都アーマー(Armagh)は、聖パトリックが四四四年に司教座を置き、アイルランド各地にキリスト教をひろめたところとして知られている。この町から西へ約二・六キロの地点に高さ三〇メートルほどの緑の丘がある。

そこがナヴァン・フォート(Navan Fort)。もともと、「エウィン・ワハ(Eamhain Macha、あるいはEmain Macha)」というアイルランド語(ゲール語)だったが、のちに「エウィン」が英語化され、

「ナヴァン」となった。一般にはケルト神話と称されているアルスター説話群には、この地がアルスター王国(Kingdom of Ulster)の都と記されている。

「エウィン」には「双子」と「かざり針」の意味がある。その説話群によると、前者は、アルスター国王の馬と競争して勝ち、この場所で自らの命と引き換えに双子を産み落としたワハという女性(妖精?)にちなみ、エウィン・ワハと名づけられたという。つまり、「ワハの双子」のこと。後者は、アルスター王国の王妃ワハが自らの権力を誇示するため、かざり針のブローチを王宮に安置したことに由来するもので、エウィン・ワハは「ワハのかざり針」ということになる。

丘は直径約二五〇メートルの完全な円形で、周りは低い土塁と溝で囲まれている。ひろさは甲子園球場より一回り大きい約五ヘクタール。地質学的にいえば、この丘は氷河期に形成されたドラムリン(氷堆丘)と呼ばれるもの。そこに大小二つのこんもりした円形の盛り土がある。北西の大きな

伝説上のアルスター王国の都、ナヴァン・フォート

ほうは直径約四〇メートル、高さ約六メートルで、三本の溝が北、東、南の三方向に真っすぐ伸びている。南東の小振りのほうは直径約三〇メートル。

これがナヴァン・フォートの外観である。一面、芝地に覆われていていて、見た目は美しいが、あまりにも殺風景だ。

一九六〇年代からの本格的な調査で全貌がほぼ浮かび上がってきた。アイルランド島では、時代区分がヨーロッパ大陸とかなり異なる。中石器時代後期(紀元前五五〇〇年~同四〇〇〇年)に狩猟民がこの地にやって来たが、定住はしなかった。次の新石器時代(紀元前四〇〇〇年~同二五〇〇年)になって農耕民がこの地に定着し、青銅器時代の後期(紀元前一二〇〇年~同三〇〇年)に丘の周りに溝が掘られた。

紀元前三〇〇年からの鉄器時代になると、カヤ葺きの丸い木造家屋が次々と建てられ、木の柵で防御壁が構築され、ヒルフォートへと発展した。しかしそれほど防御機能は高くなかった。ラ・テーヌ様式の腕輪、ビーズ玉、青銅製のピンなどの工芸品が発見されたことから、ヨーロッパ大陸と交易していたのがうかがえる。驚くべきことに、北アフリカに生息していた猿の頭蓋骨が見つかったのである。族長への貢ぎ物だったのだろうか。住人はケルト系のウルズ族(Uraid)とみられる。

紀元前九五年ごろ、直径が四〇メートルもある巨大な円形の建物が構築された。場所は、現在の大きいほうの盛り土のあるところ。二八〇本の樫の木の柱で円錐形のカヤ葺き屋根が支えられ、大黒柱は高さが一三メートルもあった。その建物のなかに小石が三メートルほど積み上げられていた。出入り口は西側の一か所のみ。

これがある日突然、意図的に燃やされ、灰燼に帰したというのである。その後、焼け焦げた建物跡を除去し、全体を泥炭《ピート》で覆ったという。いったいなにがあったのだろう。

この建造物は明らかに住居ではなく、信仰や儀礼と深く関わっていたと思われる。一説によると、このなかでいけにえを捧げる儀式がおこなわれていたらしい。古代のガリア(現在のフランスとベルギーの一部)では、木の枝で編んだ巨大な人形(ウィッカーマン)のなかに奴隷を入れ、火を放ったといわれている。この場所から燃えた土と人骨が出てきたので、よく似たことがおこなわれていたのはまちがいない。こうした儀式は現世と異界をリンクさせる意味があると考えられており、神官ドルイドが取り仕切っていた。

ローマ帝国がイギリス本島をブリタニア属州として支配していた紀元一〇〇年ごろから、ナヴァン・フォートは黄金期を迎える。同一五〇年ごろ、アレクサンドリアのギリシア人地理学者プトレマイオスが古代のアイルランドの地図を作成した際、中東部のタラ(Tara、現在のミース州)とともに、北部のイサムニオン(Isamnion)をアイルランド島の重要な地として記していた。その場所がナヴァン・フォートとぴったり一致している。

王宮そのものの遺構は発見されていないが、高価なブローチ類が出土しているので、ウルズ族の有力な豪族の居住地、あるいはウルズ王国の主邑であった可能性が高い。ビジターセンターのパンフレットには、「古代の王座(Ancient Seat of Kings)」と明記されている。だからこそ、アルスター説話群で、この地がアルスター王国の都エウィン・ワハとして記述されているのだろう。

四世紀から神話の世界とおなじように、勢力をつけてきた西方のコナハト(Connacht)によってウルズの民は東方へと移住を余儀なくされ、ナヴァン・フォートはしだいに衰退した。その後、この地域は隣接するアーギャラ国(Airgialla)の領土になり、七世紀にはすっかり寂れていたという。

西部コナハトのクルーアハン(Cruachain 現在のロスコモン州ラスクルーハン Rathcroghan)、東部レンスターのドゥン・アレァネ(Dún Ailinne、現在のキルデア州ノックォーリン Knockaulin)、南部マンスターのカシェル(Cashel、ティペラリー州)のように、エウィン・ワハ(ナヴァン・フォート)も実際の主邑から神話と伝説上の都や聖地へと転化していったようである。

ナヴァン・フォート周辺はアイルランドにおける先史時代の遺跡の宝庫である。この丘から西約一キロにあるホーイズ・フォート(Haughey's Fort)は青銅器時代後期に建造された直径約三五〇メートルもあるヒルフォート。その手前に「王の馬小屋(The King's Stables)」と呼ばれる人工の池があり、底から青銅器時代後期の人間の骨が多数見つかったので、いけにえの場であったと考えられている。さらにナヴァン・フォートの北東約四〇〇メートルにあるロッホナシェイド(Lochnashade)という小さな池からもツノをあしらったラ・テーヌ期の工芸品や人間の頭蓋骨が発見された。

このなだらかな丘にたたずむと、アルスター説話群のヒーローとヒロインの姿が脳裏をよぎる。アルスター王国のコノール・マックネッサ王に忠誠を誓う赤枝騎士団のリーダーで、コナハトの女王メイヴの軍団にたった一人で立ち向かった英雄クーフリン、幼いころに王宮近くの砦で育てられた絶世の美女ディアドラ(悲しみのディアドラ)……。古代遺跡とは無縁の世界だが、こんな体験ができるのはアイルランド島ならではである。

アイルランド

グリーナン・オヴ・エラー

ローマ帝国の支配から免れたアイルランド島は中世になっても、キリスト教の洗礼を受けていたとはいえ、依然として鉄器時代の生活がつづいていた。ローマ化によって洗練されたヨーロッパ大陸やイギリス本島のイングランド、ウェールズなどからすれば、随分と遅れた島に思われただろう。

居住の形態は、イギリス本島とは異なり、ヒルフォートが極端に少なく、リングフォート(Ringfort)という家屋が主流だった。ヒルフォートは全島で四〇～五〇しかないのに、リングフォートは四万五〇〇〇以上も確認されている。未発見のものを含めると、六万は優にあるといわれている。もちろんオッピドゥムは皆無である。

リングフォートは、その名のとおり、土塁や石塁でつくられた防御機能をもつ円形の建造物である。見た目は先史時代のようだが、一部、鉄器時代に構築されたものがあるとはいえ、大半が中世初期の六〇〇年ごろから九〇〇年ごろにかけてつくられたので、存外に新しい。時代的にもヨーロッパ大陸のオッピドゥムとはかなりかけ離れている。アイルランドでは、古くから隅に悪霊が棲むという言い伝えがあり、それゆえリングフォートのような円形の家屋が定着したという説がある。

リングフォートは住居だけでなく、家畜小屋や食糧庫にも使われた。住人の多くはケルト語の一種ゲール語を話していたケルト系ゲール人の農夫とその家族である。規模の大きなものは地元豪族の居住地だった。

そんなリングフォートのなかでも特異なものが、北部アルスター地方のドネゴール州、イニショーウェン半島のつけ根にあるグリーナン・オヴ・エラー(Grianan of Aileach)。同州の中心地レタケニー(Letterkenny)の東北東約二三キロに位置する。イギリス領北アイルランドのロンドンデリー／デリー(Londonderry／Derry)からだと、北西へ約七キロとはるかに近い。ぼくはレタケニーのバス・ターミナルからローカルバス(スウィリー・バス)で向かった。

グリーナン・オヴ・エラーは、グリーナン山(標高二四四メートル)のてっぺんに陣取っていた。下から眺めると、分厚いお好み焼きのように見える。頂上までまっすぐ伸びる坂道を登り切ると、そこからつづら折りになったなだらかな勾配の道がつづいている。ところどころ渦巻き状のケルト文様を刻んだ石柱があったりして、なかなか風情がある。

頂上にたどり着くと、巨大な石の砦が眼前に迫ってきた。完全にまん丸で、乾石《ドライストーン》の石塁がびっしりと積まれている。風雪によるものなのか、どことなく黒っぽい。小さな入り口からなかに足を踏み入れると、芝地がひろがっていた。ぐるりと取り囲む壁には三つのテラスがあり、壁が三重になっているように見える。内径が二三・六メートル、壁の高さが五メートル、厚さが四・五メートル。意外と狭い。しかしリングフォートとしては存外に大きいほうである。

石段をつたって一番外側の壁のうえに上り、下界を見下ろした。北西の方向にスウィリー湾がひろがっており、はるか東方にフォイル湾が霞んで見えた。陽光を浴びた水面がキラキラと輝いている。ため息がもれるほど素晴らしい情景で、桃源郷にいるような錯覚におちいった。この辺り一帯はグレンヴェー国立公園(Glenveagh National Park)になっている。

この遺跡は広義ではリングフォートだが、正確にいうと、多重の防御壁で囲まれた城・要塞様の特殊なヒルフォートといえる。いうなれば、円形の石の砦であるカシェル(Cashel)の大型強化版ともいえ、アイルランドではこういう形態は珍しい。

そもそもリングフォートとヒルフォートはこの地域には少ない。なぜなら人口そのものが希薄で、

グリーナン・オヴ・エラーは超大型のリングフォート

沼地が多いからである。なのに、どうしてこんな巨大な建造物が構築されたのか。

それは五世紀～一二世紀、現在のドネゴール州を拠点にアルスター西部を領土にしていたエラー王国（Kingdom of Aileach）の王座があったとされるからである。つまり都だった。その支配者が北イ・ニール族（Northern Uí Néil）で、具体的には七八九年～一〇五〇年ごろまで王（族長）の居城として使われていたといわれている。名前の「グリーナン（Grianan）」は「日当たりの良い場所」という意味。地元では「太陽の砦（Sun Fort）」と呼ばれている。

グリーナン・オヴ・エラーには王族や従者とその家族が暮らしていた。どのくらい住人がいたのかは不明だ。おそらくこの城塞の外側で穀物類を栽培し、下界の海で魚介類を採取していたのであろう。敷地内では牛、羊、ヤギなどの骨が多く発見されたことから、家畜が飼育されていたのが確認されている。

　壁を三重のようにしたのは防御面ではなく、王家の権威の象徴と考えられている。こんな要塞のような建造物を目にすれば、だれだって威圧されてしまうだろう。

　アイルランドの神話では、このグリーナン・オヴ・エラーは、人間がアイルランド島に来る前に支配していたトゥアハ・デ・ダナーン（ダーナ神族）の最高神ダグダ（ダグザ）によって建てられたことになっている。実際はしかし、紀元前一七〇〇年ごろの青銅器時代からここに集落ができ、紀元前六〇〇年ごろからはじまる鉄器時代にヒルフォートとして利用された。石の砦の建造は紀元六世紀からで、大半が七世紀初期〜九世紀末につくられたようである。つまり中世の建造物といえる。

　グリーナン・オヴ・エラーが建造される前の五世紀、聖パトリックがこの丘を訪れ、首長を洗礼したという言い伝えが残っている。その後、ここに居住した北イ・ニール王家は熱心なキリスト教徒だったので、内部に小さな教会を建てた。その遺構が見つかっている。

　難攻不落とみられていたが、七世紀、フィンスネフタ・フレダッハというハイ・キング（上王）の軍勢に攻撃され、一〇世紀にはヴァイキングの来襲にも遭った。そして北イ・ニール族が去って五〇年後の一一〇一年、南部のマンスター王国（Kingdom of Munster）によって破壊された。

　時代は下って一八三〇年代、アイルランド民謡のコレクターとして知られる芸術家で、考古学者のジョージ・ペトリー博士（一七九〇年〜一八六六年）がはじめて学術的な調査をおこなった。一八七〇年から、ロンドンデリー／デリーのウォルター・バーナード博士によって修復作業がおこなわれ、円形の要塞がよみがえった。同時に調査も進められ、青銅や鉄のピン、骨と金属細工、陶器、ガラス容器、ビーズ、ゲーム盤などの生活・娯楽用品が多数見つかり、往時の暮らしぶりが浮き彫りになった。二〇〇一年からアイルランド政府公共事業局が管理している。

グリーナン・オヴ・エラーは、アイルランド島で独特な光輝を放つ巨大なリングフォートとして一見の価値があると断言できる。

［コラム］「タラの丘」

不朽の名作映画『風と共に去りぬ』(一九三九年)で、主舞台となったアメリカ南部アトランタ近郊の農園名が「タラ」だった。アイルランド移民である主人公スカーレットの父親が故国をしのび、タラの丘(Hill of Tara)から名づけたもの。それほどまでにこの丘はアイルランド人にとっての「心の故郷」になっている。

首都ダブリンの北西約三三キロに位置する標高一五四メートルの丘。新石器時代から人が定住し、鉄器時代にヒルフォートとして要塞化され、太陽神ルーを崇めるドルイド教の中心地になった。紀元三世紀ごろ、各地の王(首長)から選ばれた「王のなかの王」といわれるハイ・キング(上王)の王座がタラの丘に置かれた。

ハイ・キングはアイルランド全土の支配者ではなく、あくまでも象徴的な存在で、祝祭、もめ事の処理(裁判)、市の開催などを司っていたようだ。だから、タラの丘は政治的な都ではなく、儀礼的な中心地だった。三年に一度開催される大祭では、ハイ・キング、各国の王、高貴な人たちが一〇〇〇人収容できる大宴会場に集ったという。五世紀にキリスト教が布教されてからは衰退したが、依然として王座があったので、「聖なる地」でありつづけた。

アイルランド人の「心の故郷」、タラの丘

[アクセス]ダブリンから、古代遺跡ニューグレンジ(Newgrange)、ボイン川古戦場(The Battle of the Boyne Site)、モナスターボイス修道院跡(Monasterboice Monastic Site)などを巡るツアーバスを利用すると便利。

ドゥン・エンガサ

アイルランド西部、ゴールウェイ湾に浮かぶアラン諸島(Aran Islands)は、西からイニシュモア島(Inishmore、アイルランド語：Inis Mór)、イニシュマーン島(Inishmaan、Inis Meáin)、イニシィア島(Inisheer、Ins Oírr)の三島が順々に並んでいる。三島合わせて約一二〇〇人の島民がケルト語の一種アイルランド語(ゲール語)を日常的に話している地域「ゲールタハト(an Ghaeltact)」である。

ドゥン・エンガサの荒涼たる光景

どの島も石灰岩のカルスト地形で、島全体が岩盤のようになっており、岩と石だらけの荒涼たる光景がひろがっている。

アラン諸島は緑も土もない不毛の地と呼ばれてきた（実際には草木が生育しているが……）。泥炭（アイルランドではターフ）を舟底に塗り込んだカラハ（Currach）と呼ばれる手漕ぎの小舟で漁に出て、砕いた岩のうえに海藻を敷き詰めた〈畑〉でジャガイモを細々と育て、ワラ葺きの粗末な石の家屋で羊や犬、ニワトリなどと寝食を共にする……。こんな慎ましい生活が長らく営まれてきた。電気が通じたのが、なんと一九七四年のこと。

このように手つかずの自然が残っており、物質文化に覆われた現代社会と隔絶した素なるアラン諸島を称して、「最果ての島々」と呼ばれ、いまやアイルランドで屈指の観光地となっている。「ゲールタハト」という環境がことさら強調され、「いまに息づくケルト文化の中心地」というキャッチコピーがつけられている。

本土のロッサヴィール(Rossaveel)とドゥーラン(Doolin)から三つの島へフェリーが発着しており、「最果ての島々」の割には気軽に訪れることができる。島内ではレンタ・サイクルが便利だ。

アラン諸島西端の一番大きなイニシュモア島は、長さ約一三キロ、一番ひろいところで幅が約三・二キロという細長い島で、シーズン中は島民よりも観光客のほうが多くなる人気スポットである。

フェリー埠頭のあるキルロナン(Kilronan)村から西へ約八キロ、南海岸に面する石の砦、ドゥン・エンガサ(Dún Aonghasa)は高さ一〇〇メートルの切り立った断崖にへばりつくように大海と対峙している。そのロケーションにだれもが驚嘆する。神話に登場する伝説上の王エンガサの名に由来しており、英語では、ドゥン・エンガス(Dun Aengus)となる。

アイルランド島には、リングフォートが数えきれないほどあると述べたが、それには大きく分けて三つのタイプがある。一つ目がラス(Rath)とリス(Lis)と呼ばれるもので、共に土でできたもの。二つ目が石塁を積み上げたカシェル(Cashel)とケア(Cahir)。そして三番目がドゥン(Dún)。これは重要な拠点にあるリングフォートのことで、形状は問わない。ドゥン・エンガサはその一つである。

上空から俯瞰すれば、アルファベットのDの文字のように見える。海側が絶壁で直線に切り取られており、陸側が湾曲している三つの石の壁で囲まれている。厳密にいえば、四つ壁があるのだが、内側から三つ目の壁はほんの少ししか残っていないので、一般には三つの壁による三つの囲い地《エンクロージャー》のある要塞と考えられている。砦の一部がなんらかの理由で断崖とともに海中へ崩落したという説もあるが……。

ひろさは五・七ヘクタール。一番外側の壁は高さ一メートル〜一・五メートルで、その内側の囲い地におびただしい数の尖った石が地面に埋め込まれている。これは〈ウェールズ〉の「カステル・ヘンリース」の章で述べた「忍び返し」である。真んなかの石壁の内側にある囲い地には多数の家屋が建てられていたようだ。一番内側の石壁は、高さが約六メートル、幅が約五メートルもあり、見るからに堅牢である。

地元の言い伝えによると、ドゥン・エンガサは動物の革の舟に乗って四番目にアイルランド島にやって来たフィルボルグ族によってつくられたという。今日のアルスター、コナハト、レンスター、マンスター、ミースの五つの地方(当時の国)に全土を分けたといわれる神話上の種族である。彼らは魔の雲に乗って飛来してきたダーナ神族によって滅ぼされた……。

アラン諸島にいつから人が住みはじめたのかはわからないが、考古学的にはドゥン・エンガサの建造は紀元前一一〇〇年ごろの青銅器時代中期にはじまったといわれている。まずは内側の囲い地からつくられた。囲い地に残っている円形の小屋の跡からヤリの穂先、陶器、骨でできた紡錘(糸を紡ぎ取る道具)などが発見され、そばにある穴からも牛や羊、魚の骨、石のハンマー、骨のピンと針、琥珀のビーズなどが見つかっている。前述の「忍び返し」は、紀元前七〇〇年ごろにつくられたと推定されている。

鉄器時代の紀元前五〇〇年ごろから三重の壁が構築され、どんどん拡張していった。その過程で真んなかの囲い地に集落が形成されていったのだろう。この状態が中世末期の紀元九〇〇年ごろまで存続し、その間、なんども手を加えられていったという。「忍び返し」も中世初期に補強された可能性がある。

不思議に思うのは、こんな僻地なのに、どうしてかくも防御面を強化せねばならなかったのだろう。そもそもどんな部族がこの砦を構築したのか。一説によると、コーク(Cork)周辺の南アイルランドに定住していたケルト系イウェルニ族(Iverni)の一派ビルグ族(Builg)が建てたともいわれているが、裏づけがなされていない。

一番内側の囲い地の最南端(断崖と隣接しているところ)にある平らな演壇のような空間は宗教的な儀礼に使われたものだったのだろうか。集落の規模はどのくらいだったのか……。あゝ、謎だらけである。

いずれにせよ、島民は先史時代のこの要塞を、居住地や家畜の飼育場などいろんな形で有効活用していたと思われる。ひょっとすると、案外、近年までそういう状態がつづいていたのかもしれない。

一七世紀半ば、イングランドで清教徒革命の最中、護国卿オリヴァー・クロムウェル(一五九九年~一六五八年)の軍団がアイルランド遠征(侵略)を敢行したときにイニシュモア島へ乗り込み、カトリック教会と修道院だけでなく、島に点在する城砦も破壊した。このときドゥン・エンガサも被害に遭ったと思われる。クロムウェルの軍団はこんな未開の地に留まっても意味がないと思い、すぐに撤退した。

このあとアイルランド本土で弾圧を受けていたカトリック教徒が辺境の西部や島々へと逃れて来た。アラン諸島も避難所として彼らを受け入れ、どんどん人口が増えた。そのころドゥン・エンガサが修復され、島民の生活のなかに溶け込んでいったようである。

ドゥン・エンガサの北西約一・五キロにドゥン・オナクト(Dún Eoghnachta)、南部にドゥン・ドゥカハー(Dún Dúchathair)、イニシュマーン島のほぼ真んなかにドゥン・コナー(Dún Conor)といったリングフォートがある。どれも辺境の島には不釣り合いなほどに強固な要塞である。どうしてこんな建造物がつくられたのだろう。島内での部族間闘争が頻発していたのであろうか、それとも本土からの襲撃に備えていたのであろうか。アラン諸島の古代遺跡を訪れると、頭のなかが疑問符でいっぱいになってくる。

[コラム]「ハイ・クロス」

円環を組み合わせた独特な十字架。日本ではケルト十字架(Celtic Cross)の名で知られているが、アイルランドでは概して、ハイ・クロス(High Cross)と呼ばれている。なぜなら、ふつうの十字架

アイルランドで一番高いムーンのハイ・クロス

よりも背丈が高いから。円環はキリスト教以前の太陽神、あるいはドルイド教の根本原理「生命の永遠性」を表現しているといわれている。

アイルランドで初期キリスト教〈ケルト教会〉の豊かな修道院文化が花開いた六世紀からつくられた。大半が八世紀〜一〇世紀のものので、アイルランド島に大小合わせて二〇〇基ほどが現存している。スコットランドやウェールズなどでも見受けられるが、すべてアイルランドにルーツがあり、いわばアイルランド人の証しのような造形物といえる。

十字架に彫られた装飾文様や図像は、聖書のエピソードの一部を描いたもので、一〇〇パーセント、キリスト教の世界観に彩られている。だから、〈ケルト〉とは無縁であるのに、〈ケルト〉の象徴のように感じられるから不思議である。

修道院跡に行けば、たいていお目にかかれる。よく知られているのが、東部ラウス県のモナスターボイス、中部オファリー県のクロンマクノイズ(Clonmacnoise)、高さが七メートルもあるキルデア県のムーン(Moone)、ダブリンの南約五〇キロに位置するウィックロウ県のグレンダロッホ(Glendalough)など。

〔コラム〕「グンデストルップの大釜」

神々の顔、オオカミやシカなどの動物、得体の知れないクリーチャー、戦士のパレード、人の死と再生を描いた意味深な図像……。このグンデストルップ(Gundestrup)の大釜は、デンマークの首都コペンハーゲンにあるデンマーク国立博物館の目玉展示である。

直径六九センチ、高さ四二センチ、重さ九キロ。銀をふんだんに使ったこの大釜は一八九一年、ユトランド半島北部にあるグンデストルップ集落の泥炭地から発見された。それゆえ集落の名が大釜に冠せられた。

紀元前一五〇年ごろの鉄器時代中期につくられたもので、釜に彫られたうごめく文様と装飾の素晴らしさから、「ケルトの至宝」の一つといわれている。内側に描かれている、頭からシカのツノのようなものを二本生やして鎮座しているのが動物界を支配する古代ケルトの神ケルノンヌス。この大釜は明らかに神への献納品である。

制作場所はいまのブルガリアとルーマニア辺りのバルカン半島とみられており、ケルト人部族と隣接していた当地のトラキア人の銀細工職人がケルト的な要素を取り入れて創作したもの

大釜の内側（向こう）に描かれたケルノンヌス

と考えられている。それがどうして「ケルト」と無縁の北欧で見つかったのか。戦利品としてもち帰ったケルト人がユトランド半島の有力豪族へプレゼントした貢ぎ物なのか、あるいは交易によるものなのか……。いまだに謎に包まれている。

おわりに

「ケルト」をめぐる昨今の動きを紹介してから、ヨーロッパ各地に点在するケルト系住人の大規模居住地をルポルタージュ(見聞記)、あるいは紀行エッセイのように綴ってきました。「ケルト」、ヨーロッパ、西洋史に関心のある人でも、本書で紹介した事どもはほとんど知られざる世界に映ったと思います。何事も原点を見据えることが大切。そう思って、ぼくがのめり込んでいる「ケルト」の原初の一端を浮き彫りにしようと試みたわけです。

本書でふれた国としては、序とコラムを含めると、ポルトガル、ドイツ、オーストリア、スイス、スロヴァキア、ルクセンブルク、ベルギー、フランス、スペイン、イタリア、イギリス、アイルランド、デンマークの一三か国におよびます。イギリスについては連合王国という特殊な国情ゆえ、イングランド、ウェールズ、スコットランド、北アイルランドの四つの〈地域〉に分けました。

取り上げた居住地は本文で二九か所に上りました。もちろん、それらはほんの一部にしかすぎず、できるだけきわ立った、あるいは特徴めいたところを選んだつもりです。つまり、定住地の規模、機能、暮らしぶり、防御壁、衰退・放棄・消滅の理由、発見の経緯などが異なっているところ。共通している点は、戦略や防御の面だけでなく、いずれも交通、交易、経済の要衝であり、定住するのにひじょうに意味のある場所だったということです。

ベルギーのトンゲレン、イタリアのモンテ・ビベレ、イギリスのスコットランドやアイルランドなどの定住地は、オッピドゥムとヒルフォートに該当しませんが、古代(あるいは中世)の「ケルト」を知るうえで避けて通れないと判断し、あえて盛り込むことにしました。どうかご理解ください。

大半の居住地にローマが深く関わっていたことがわかっていただけたと思います。スコットランドとアイルランド以外は、すべからくケルト人が敗れ、ローマが勝者となりました。これほどわかりやすい歴史はありません。まさに「滅びの美学」です。

オッピドゥムやヒルフォートの多くがローマに破壊されましたが、生き残ったケルトの民はその後つくり変えられたローマ風の町で引きつづき定住したり、近くに建造された新たな町に強制移住させられたりしました。そのうちローマ化の流れに呑み込まれ、歴史の表舞台からフェイドアウト……。

それでも、なお彼らの痕跡を留めている遺跡が思いのほか多く残っています。そのことがひじょうにうれしくて、ありがたいと思っています。どの遺跡からも古代「ケルト」の息吹がそこはかとなく感じられました。現地の博物館に入ると、「ヨーロッパ人の先祖」の一つとして古代ケルト人をとらえ、後世にきちんと伝えていこうという空気がひしひしと伝わってきました。これぞ文化の極みかもしれませんね。そのことをきちんと記録するのが本書の役割だと思っています。

取材過程で驚いたのは、ヒトラーのナチス政権や第二次世界大戦が古代遺跡に多少なりとも影響を与えていたことです。これはまったく想定外でした。古代ケルト人もびっくりしたことでしょう。いずれにせよ、古代において「ケルト」がヨーロッパのほぼ全域にひろがっていたのがおわかりいただけたと思います。

定住地の形態は、大陸では大半がオッピドゥム、イギリス本島ではヒルフォート、アイルランド島ではリングフォートといった具合に異なっています。建造された時代も、スコットランドとアイルランドでは中世に近い時代だったのが目を引きます。こんなところにも「大陸のケルト」と「島のケルト」の差異が見られ、そのことがひじょうに知的好奇心をかき立てるのです。

補足的に記した一八のコラムは、コルシカ島のフィリトーザ遺跡を除いて、いずれも「ケルト」関連の有名な場所、建造物、造形物、遺物、出来事であり、きわめて重要なアイテムだと思っています。本書のテーマとは直接、関係ありませんが、ぜひ参考にしてもらいたいです。

「はじめに」でふれたように、序、本文、コラムで紹介したところ、つまり本書に載った場所はすべて自分の足で踏破し、この目で見てきたところばかり。写真もすべて自分で撮ったものです。街から遠く離れた辺鄙なところが多かったのですが、レンタカーを使わず、鉄道、バス、船といった公共交通機関、ときにはヒッチハイクをしながら、現場へたどり着いていました。もう執念と言ってもいいかもしれませんね。そのかいあって、本書が誕生できました。その意味で、〈現場主義〉

の賜物であると自負しています。

ここで紹介した地は、「ケルト」の取材を本格的にはじめた一九九五年から直近までの四半世紀にわたって訪れたところです。かなり以前に取材した場所は新たな知見を盛り込み、できるだけフレッシュな情報を伝えたつもりです。各所の内容については資(史)料に当たってはいますが、基本、現地での取材がメインです。とりわけ各地の博物館で得た情報が大きかった。学芸員の方々にはほんとうにお世話になりました。

新型コロナウイスル禍によって海外渡航が難しくなっていますが、近い将来、かならず元の日常にもどり、「ケルト」の関連スポットに足を運べる日が来ると信じています。その日のために、読者の方々には実際に訪れてほしいと思い、アクセスの方法を添えておきました。不便な場所が少なくありませんが、可能なかぎり現場を踏んでほしいと願っています。ヨーロッパはどの町でも観光案内所がことのほか充実しています。そこで詳しいアクセスの情報を得ればいいかと思います。「ケルト」を知ると、ヨーロッパの素顔が見えてきますよ。

最後に、コロナの影響で海外の読み物が逆風にさらされているなか、拙稿の出版化を決断し、自ら編集作業に当たってくださった彩流社の社長、河野和憲さんに心からお礼を申し上げます。そして、「ケルト」取材旅行の大半にサポート役で同行し、原稿の校正や叱咤激励してくれた妻に感謝しています。おおきに、ありがとさんでした!

二〇二〇年七月

大阪・新町の自宅にて

主要参考文献（刊行年順）

フランク・ディレーニー『ケルト生きている神話』鶴岡真弓監修、森野聡子訳、創元社、一九九三年
バリー・カンリフ『図説ケルト文化誌』蔵持不三也訳、原書房、一九九八年
サイモン・ジェームズ『図説ケルト』井村君江監訳、吉岡晶子・渡辺充子訳、東京書籍、二〇〇〇年
武部好伸『スペイン「ケルト」紀行～ガリシア地方を歩く』彩流社、二〇〇〇年
ベルンハルト・マイヤー『ケルト事典』鶴岡真弓監修、平島直一郎訳、創元社、二〇〇一年
ジャン・マルカル『ケルト文化事典』金光仁三郎・渡邉浩司訳、大修館書店、二〇〇二年
武部好伸『中央ヨーロッパ「ケルト」紀行～古代遺跡を歩く』彩流社、二〇〇二年
ジョン・ヘイウッド『ケルト歴史地図』井村君江監訳、倉嶋雅人訳、東京書籍、二〇〇三年
武部好伸『東ヨーロッパ「ケルト」紀行～アナトリアへの道を歩く』彩流社、二〇〇五年
武部好伸『イングランド「ケルト」紀行～アルビオンを歩く』彩流社、二〇〇六年
武部好伸『イタリア「ケルト」紀行～キサルピナを歩く』彩流社、二〇〇七年
武部好伸『アイルランド「ケルト」紀行～エリンの地を歩く』彩流社、二〇〇八年
武部好伸『北アイルランド「ケルト」紀行～アルスターを歩く』(改訂版)彩流社、二〇一〇年
武部好伸『スコットランド「ケルト」の誘惑～幻の民ピクト人を追って』言視舎、二〇一三年

Barry Cunliff, *DANEBURY:THE STORY OF AN IRON AGE HILLFORT*, Batsford Ltd,1986
Xoan Martinez Tamuxe, *CITANIA YMUSEO ARQUEOLOGICO DE SANTA TECLA*, Patronato Municipal Del Monte De Santa Tecla,1995
Barry Cunliff, *THE ANCIENT CELTS*, PENGUIN BOOKS,1997
John Kemp, *THE BOOK OF MAIDEN CASTLE*, Neigel J.Clarke Publications,2003
Walter Reinhard, *Die Keltische Furstin von Reinheim*, Stifung Europäischer Kulturpark Bliesbruck-Renheim,2004
Frits Berckmans, *AMBIORIX EN ZIJN BEELD IN TONGEREN*, Koninklijk Limburgs Geshied,Oudheidkundig Genootschap Tongeren,2009

Barry Cunliff,John T.Koch, *CELTIC FROM THE WEST Alternative Perspectives from Archaelogy,Genetics,Language and Literature*, Oxbow Books,2012

Barry Cunliff,John T.Koch,CELTIC FROM THE WEST 2 Rethinking the Bronze Age and the Arrival of Indo-European in Atlantic Europe,Oxbow Books,2013

Bernard Ceysson,Françoi Ceysson,Loïc Bénétière, *PARC ARCHÉOLOGIQUE EUROPÉEN DE BLIESBRUCK-REINHEIM*, IAC Édition d'Art ,2013

【著者】
武部好伸
…たけべ・よしのぶ…

1954年大阪市生まれ。大阪大学文学部美学科卒業。元読売新聞大阪本社記者。ケルト文化に魅せられ、ヨーロッパ諸国への取材の旅を続けている。映画と洋酒にも造詣が深く、ユニークな執筆活動を展開中。日本ペンクラブ会員。関西大学社会学部非常勤講師。著書に、「ケルト」紀行シリーズ全10巻（彩流社）、『大阪「映画」事始め』（同）、『スコットランド「ケルト」の誘惑〜幻のピクト人を追って』（言視舎）、『ウイスキー アンド シネマ 琥珀色の名脇役たち』（淡交社）、『ウイスキー アンド シネマ2 心も酔わせる名優たち』（同）など多数。

Sairyusha

ヨーロッパ古代《こだい》「ケルト」の残照《ざんしょう》

二〇二〇年九月三十日　初版第一刷

著者——武部好伸
発行者——河野和憲
発行所——株式会社 彩流社
〒101-0051
東京都千代田区神田神保町3-10大行ビル6階
電話：03-3234-5931
ファックス：03-3234-5932
E-mail：sairyusha@sairyusha.co.jp
印刷——明和印刷（株）
製本——（株）村上製本所
装丁——中山銀士＋金子暁仁

ISBN978-4-7791-2699-4 C0022
http://www.sairyusha.co.jp

フィギュール彩

〔既刊〕

⑪壁の向こうの天使たち

越川芳明◉著

定価(本体1800円+税)

天使とは死者たちの声なのかもしれない。あるいは森や河や海の精霊の声なのかもしれない。「ボーダー映画」に登場する人物への共鳴。「壁」をすり抜ける知恵を見つける試み。

㊼誰もがみんな子どもだった

ジェリー・グリスウォルド◉著/渡邉藍衣・越川瑛理◉訳

定価(本体1800円+税)

優れた作家は大人になっても自身の「子ども時代」と繋がっていて大事にしているので、子どもに向かって真摯に語ることができる。大人(のため)だからこその「児童文学」入門書。

㊵編集ばか

坪内祐三・名田屋昭二・内藤誠◉著

定価(本体1600円+税)

弱冠32歳で「週刊現代」編集長に抜擢された名田屋。そして早大·木村毅ゼミ同門で東映プログラムピクチャー内藤監督。同時代的な活動を批評家·坪内氏の司会進行で語り尽くす。

フィギュール彩

〔既刊〕

㉒大阪「映画」事始め

武部好伸◉著

定価(本体 1800 円＋税)

新事実！大阪は映画興行の発祥地のみならず「上映」の発祥地でもある可能性が高い。エジソン社製ヴァイタスコープの試写が難波の鉄工所で1896年12月に行われていたのだった。

㉑百萬両の女　喜代三

小野公宇一◉著

定価(本体 1800 円＋税)

「稀代の映画バカ小野さんがついに一冊かけてその愛を成就させました！」(吉田大八監督)。邦画史上の大傑作『丹下左膳餘話・百萬両の壺』に出演した芸者・喜代三の決定版評伝。

⑯監督ばか

内藤誠◉著

定価(本体 1800 円＋税)

「不良性感度」が特に濃厚な東映プログラムピクチャー等のＢ級映画は「時代」を大いに反映した。カルト映画『番格ロック』から最新作『酒中日記』まで内藤監督の活動を一冊に凝縮。